群馬・栃木・茨城　くらべてみたら？
「北関東三県」の不思議と謎

風来堂 編
Furaido

JIPPI Compact

実業之日本社

はじめに

群馬県、栃木県、茨城県の北関東三県に対して、一見、どの県へも似たイメージを持っている人も多いのではないだろうか。東京には近いけれど首都圏ではなく、ビルが林立する都市部も、のどかな農地の広がる郊外の風景もある。少し足をのばせば、山・川・海と自然も豊かで、温泉も湧いていたりする。

この三県、隣り合っている上に、南部の平野には、各県の県境が集中。それぞれの県界がはっきりしないという人も多いだろう。

しかし、この三県、実はよくよく見ていくと、似て非なる部分が浮き彫りになってくる。県の壁を超えた意外な結びつきやライバル関係。「〇〇は我が県のもの」と県民誰もが考えていたものが、案外隣の県にもある、なんてことも。

本書では、単に群馬県、栃木県、茨城県のそれぞれの名物、名所、文化的特徴などを個別に紹介するだけではなく、三県を通して比較対照する、という視点からとらえている。ジャンルは歴史や文化から、スポーツ、政治、地理、生活、グルメなど多岐にわたる。

各県出身者・在住者の読者には、「あるある！」と思わず膝を打つ話や、「へー？」と裏事情に納得するくだりが多々あるだろう。それとともに、隣県との意外な関係性に目からウロコ、という点も。我が県を角度を変えて見ることで、新たな形での郷土愛が芽生えてくるのは間違いないだろう。

北関東以外の読者には、ぜひ本書を、一風変わったご当地ガイドとしても活用していただきたい。地域限定のチェーン店の県民ソウルフード、寺社仏閣の背景に潜む意外な歴史。県道標識やロードサイドのチェーンなど、単なる車窓を流れる風景だったものも、違って見えてくる。観光ガイドやパンフレットだけを頼りにしていると決して気づかない、発見のある旅にも役立つはずだ。

尚、ジャンルを越えてさまざまなネタをピックアップしているが、本書で取り上げたのはごく一部に過ぎない。北関東にはまだまだ、隠された「謎」が存在しているはず。一見ありふれた風景や日常も、視点を変えれば変わって見えてくる。本書記事を端緒にぜひ、新たな「謎」を探し出すことに挑戦してみて欲しい。

風来堂

《栃木県の基本情報》

県庁所在地………**宇都宮市**

総面積……………**6408.09 ㎢**（※2）

人口………………**198 万 5738 人**（※1）

世帯数……………**82 万 6672 戸**（※1）

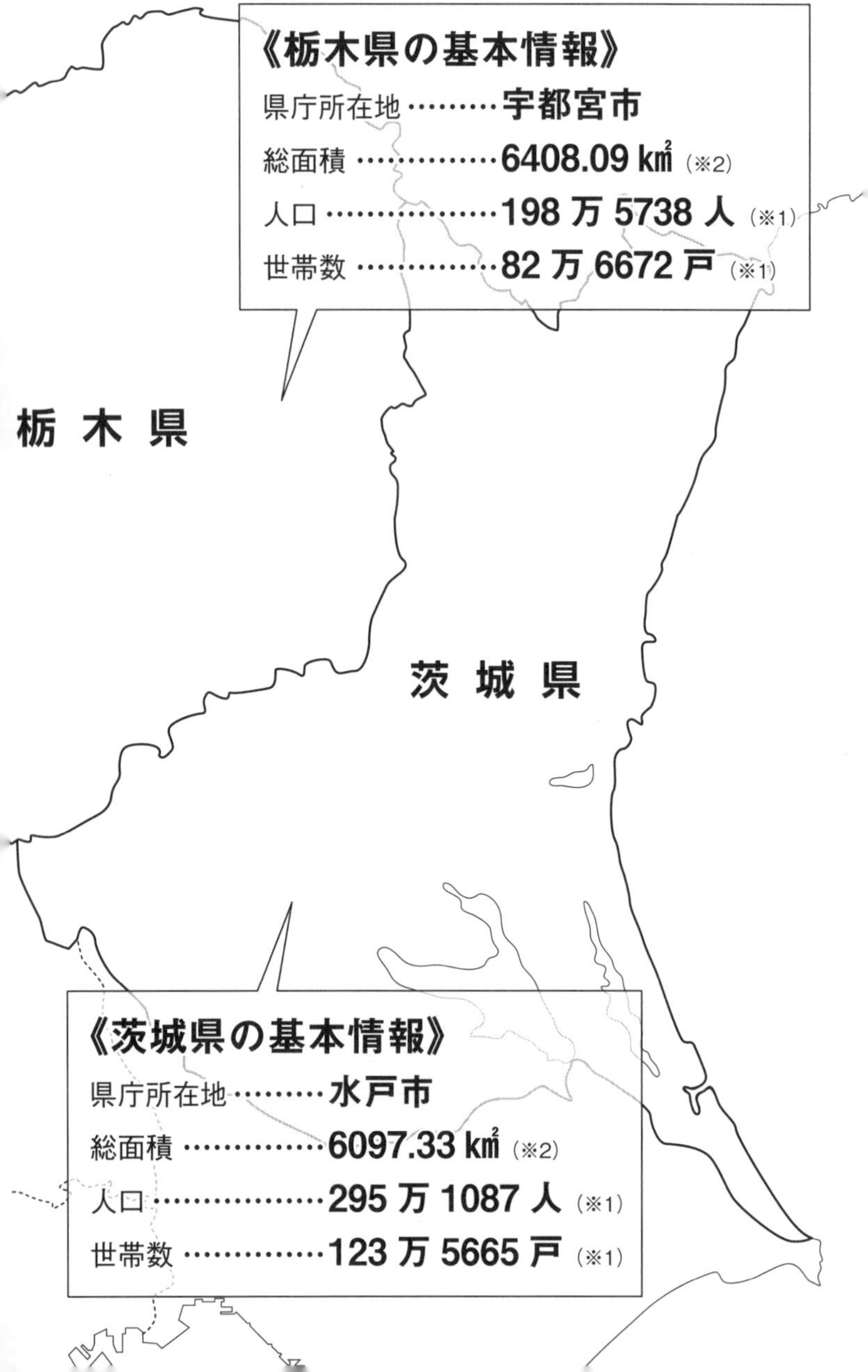

《茨城県の基本情報》

県庁所在地………**水戸市**

総面積……………**6097.33 ㎢**（※2）

人口………………**295 万 1087 人**（※1）

世帯数……………**123 万 5665 戸**（※1）

●北関東三県の基本情報

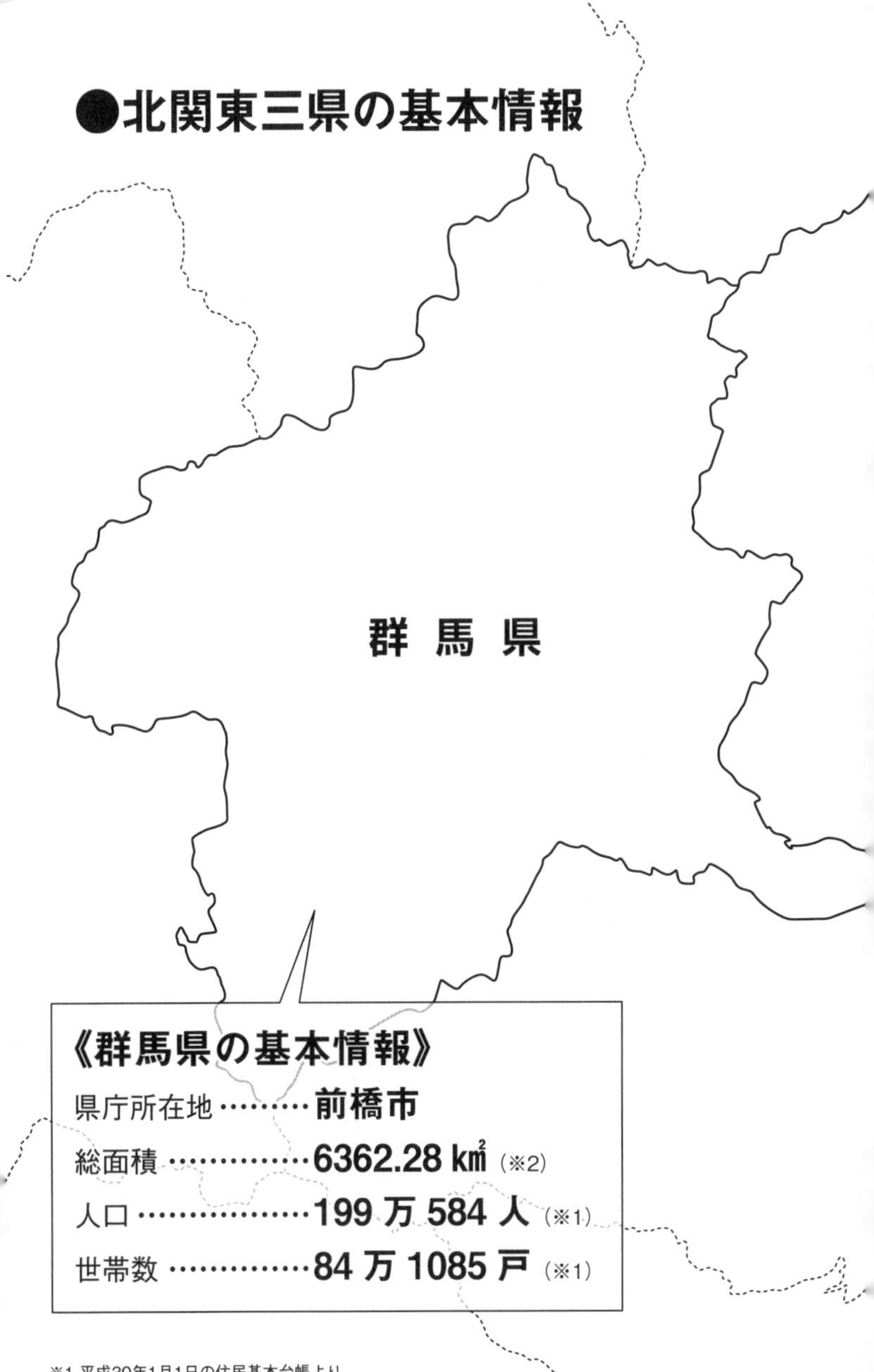

《群馬県の基本情報》

県庁所在地………**前橋市**

総面積……………**6362.28 ㎢**（※2）

人口………………**199 万 584 人**（※1）

世帯数……………**84 万 1085 戸**（※1）

※1 平成30年1月1日の住民基本台帳より
※2 平成30年全国都道府県市区町村別面積調より

Contents

群馬・栃木・茨城　くらべてみたら？「北関東三県」の不思議と謎

Chapter 1
ここがすごい！北関東三県が誇る7つのポイント

Chapter 2

意識する？しない？くらしの中で見つけた北関東らしさ

Chapter 3

北関東カルチャーショック！文化の類似と差に驚き!?

Chapter 4

地域史から見えてくる北関東のルーツ

Chapter 5
いつの間にか隣県に！ ふしぎな交通や境界線

Chapter 6
知れば知るほど面白い 北関東トリビア

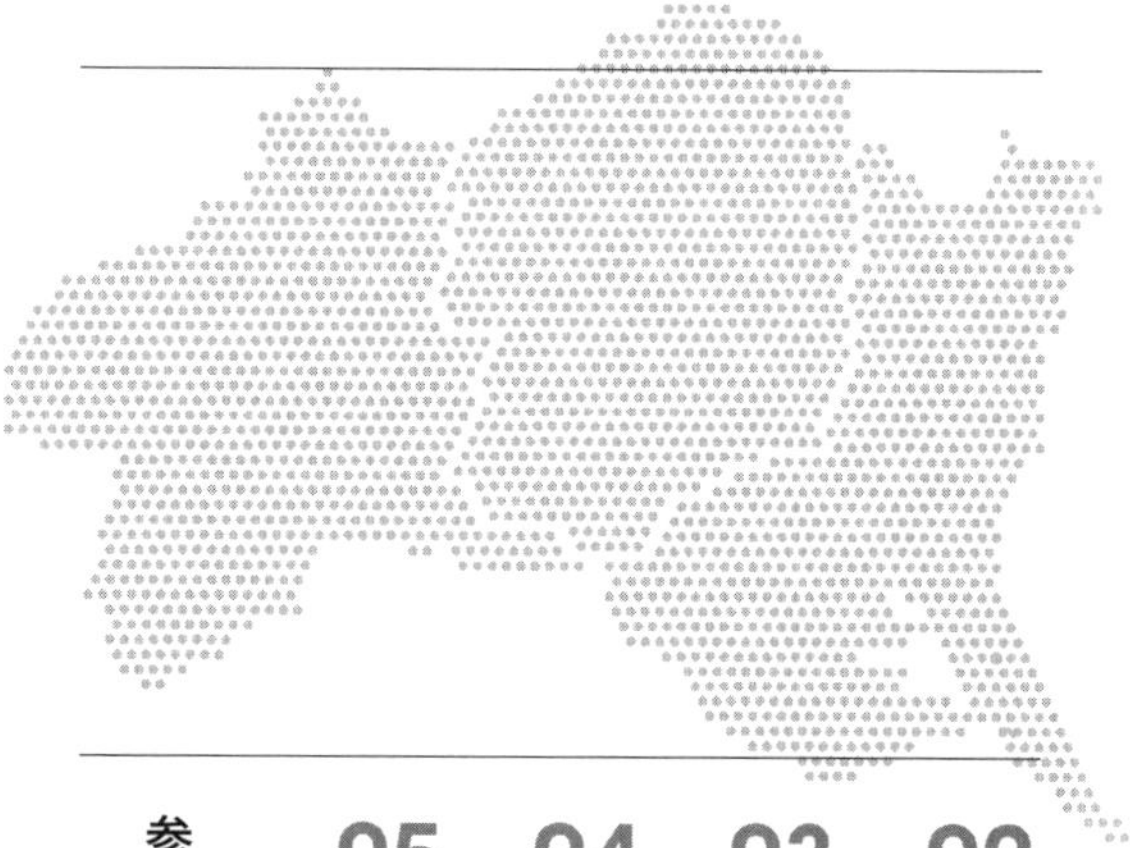

編集　栗山ちほ、菅沼佐和子、今田 壮（風来堂）
DTP　若松 隆
図版作成　国井 潤
装丁　杉本欣右
ライター　保田明恵、鈴木さや香、青柳智規、加藤桐子
校正　今田 洋

Chapter

1

ここがすごい！北関東三県が誇る7つのポイント

地理

かつて利根川は茨城県を通っていなかった 栃木県のある存在が利根川の流れを変えた？

北関東で勇名を馳せる河川といえば、利根川だろう。豊富な水量で一都五県三〇五五万人の飲料水と生活用水を支える、まさに命の源となる川である。九州・筑後《ちくご》川の「筑後次郎」、四国・吉野川の「四国三郎」と並び称され、利根川は「坂東太郎」の愛称でも親しまれる。坂東は関八州のこと、太郎は長男を意味することから、転じて関東で一番の川という意味である。

その流域面積は日本一。広さは四国の総面積の約八〇％に匹敵する。流域面積とは降った雨が集まる範囲のことで、河川が規模を表す一つの基準として用いられる。流路の長さは三二二キロメートルで、信濃川に次いで日本二位。これは上越新幹線の東京～新潟間とほぼ同じ距離だ。河川を通過する自治体は、群馬県、埼玉県、茨城県、千葉県の四県で二五市一四町一村にも及ぶ。

利根川最上流の奈良俣ダム（群馬県みなかみ町藤原）。堰堤の高さ158mは、ロックフィル式ダムの中では日本第3位

渋川駅～敷島駅間の利根川橋梁は、SLみなかみ号の撮影ポイントとしても人気が高い

栃木県は利根川が流れてないが、実は茨城県を通過することになったことに栃木県が関わっているという説がある。その過程を順を追って説明しよう。

現代と全く違っていた昔の利根川のルート

江戸時代以前の利根川は現在と流路が違い、終点は銚子ではなく東京湾（江戸湾）に注ぎ込んでいた。それを徳川幕府が河川工事で少しずつ東へ変更して骨格を造り、昭和初期まで四〇〇年以上もの年月をかけて、現代の流路が完成したのである。この一大プロジェクトを「利根川の東遷《とうせん》」呼ぶ。

現在の利根川のルートは次の通り。新潟県と群馬県の県境にある大水上山《おおみなかみやま》（標高一八三一メートル）を水源とし、前橋市方面へ南下し、前橋市街地を縦貫して、さらに南下。神保原付近で群馬県と埼玉県の県境を東へと流れていく。さらに、群馬県・栃木県・茨城県・埼玉県の県境に接する渡良瀬《わたらせ》遊水地の付近、栗橋駅の北側で渡良瀬川と合流する。それから茨城県と千葉県の県境をゆるくトレースするように東に流れ、鬼怒川と合流してさらに東へ進む。最後に千葉県の銚子から太平洋にたどり着く。

対して、東遷以前の利根川は群馬県・埼玉県を南流して荒川と合流してから、現在の隅

群馬県千代田町と埼玉県行田市の間に架かる利根大堰。首都圏の水需要の増加のため1968（昭和43）年に竣工

群馬県千代田町と埼玉県熊谷市を結ぶ赤岩渡船。無料で乗船でき、両河川敷まで路線バスも運行

田川筋から東京湾（江戸湾）に注いでいた。当時の利根川は、茨城県をかすってもいなかったのだ。さらに、現在は利根川水系となっている渡良瀬川や鬼怒川は、もともとは独立した河川だった。

それを一五九〇（天正一八）年の徳川家康が江戸入府したのを機に、渡良瀬川と合流させてローム台地を開削し、鬼怒川と小貝川《こかい》とも合流させて開削した赤堀川を通して、常陸川経由で銚子から太平洋に流させた。現在の利根川の流れは、このように人工的に流れを作り替えたものなのだ。

自然に逆らってまで川の流れを変えた理由は？

なぜ、こんな大がかりなことをする必要があったのか。

大きな目的の一つといわれているのが、舟運の整備だ。江戸幕府が誕生すると、年貢米や江戸城普請の物資などを大量に江戸まで輸送する必要が出てきた。ところが、利根川東遷以前は、東北諸藩が江戸まで米を運搬する際は海運がもちいられ、東廻りの海路は難所の鹿島灘や房総沖を通って東京湾（江戸湾）に入らなければならなかった。危険も多く、何日も風待ちをする羽目になったりと、効率が悪かったのである。常陸の那《な》珂湊《かみなと》から陸路

茨城県稲敷市と千葉県香取市の県境に位置する、1921（大正10）年完成の横利根閘門（こうもん）。二つの門の間で水面差を調整して船は通過する

横利根閘門を挟んで、河川管理区も県をまたぐ。左手奥に船用の信号機も立っている

に切り替えることもあったが、これだと輸送力が限られてしまう。

それが利根川を東遷したことで、結果として海運と利根川水運を組み合わせることができるようになり、これまでよりも効率的な運搬が可能となる。江戸と北関東、および東北諸藩と交易が盛んになった。また、利根川水運は足尾御用銅の運搬ルートとしても活躍した。利根川舟運によって江戸に運ばれた銅は、江戸で精錬が行われた。

もう一つ、東遷の目的といわれているのが治水である。利根川や渡良瀬川が入り組んで流れる一帯は水はけが悪く、農業発展のためには治水工事が必須だった。また治水工事は、徳川幕府と関係の深い日光街道を水害から守るために行われた、という研究者もいる。

日光街道は、日光東照宮と日本橋を結ぶ主要な街道。一六三五（寛永一二）年、徳川家光の命で参勤交代を諸大名に義務づけた幕府にとって、全国と江戸をつなげる街道の整備は重要事案であった。中でも、日光街道は初代・家康を祀る聖地である日光東照宮への参詣道。街道の中でも特別であったに違いないと、利根川東遷の研究者・松浦茂樹氏は指摘する。

もし、家康が「日光に廟を建てろ」という遺言を残していなかったら、現在のように利根川は茨城県を流れていなかったかもしれない。

Chapter 1
02

文化

「上毛かるた」だけじゃなかった！ほかの二県にもご当地かるたは存在する

群馬県民なら知らない人はいないけれど、県外の人はほとんど聞いたことがない。そんな群馬県を代表するご当地カルチャーの代表が「上毛《じょうもう》かるた」だ。

上毛かるたとは、県の自然や温泉、偉人、産業などを詠んだ、群馬県民のために作られたかるたのこと。「伊香保《いかほ》温泉日本の名湯」「裾野は長し赤城山」など、県ゆかりの題材を端的に言い表した読み札が特徴的だ。

群馬県では百人一首よりメジャーといわれるほど、県民に浸透している。その理由には、群馬県や県の教育委員会、群馬県子ども会育成連合会（公益社団法人）が主催する『上毛かるた』競技県大会」の存在が挙げられる。毎年行なわれるこの県大会での勝利を目指し、多くの小学校では放課後や冬休みなどを使って、児童に読み札の暗唱を指導するのだ。

そのため大人になってからも、上毛かるたの話題になると読み札が口をついて出てくる人

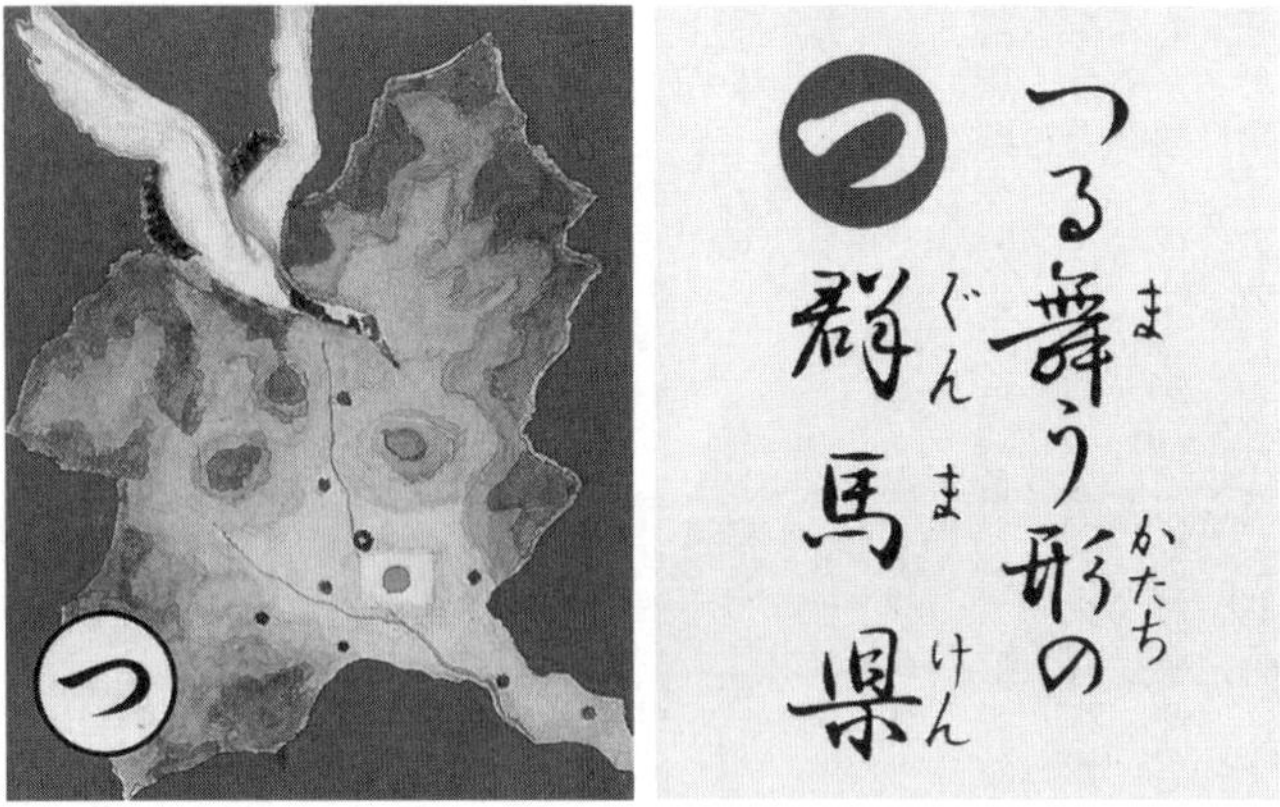

県の形が翼を広げた鶴に見立てた「つ」の札は「上毛かるた」の中でも人気が高い

も少なくない。

上毛かるたが誕生したのは、一九四七（昭和二二）年のこと。第二次世界大戦の敗戦直後で、日本中を暗いムードが覆っていた時代だ。恩賜《おんし》財団同胞援護会群馬県支部の責任者だった浦野《うらの》匡彦《まさひこ》氏は、せめて子どもたちには希望の持てるものを与えたいと考え、郷土を誇りに思えるかるたの制作に着手する。上毛新聞で、かるたの題材となる資料の提供を呼びかけると、一一七二件もの応募があった。それらを編集委員らが厳選し、七五調に整えて四四枚のかるたとして完成させた。

しかし敗戦直後ゆえ、出版物は連合国軍総司令部（ＧＨＱ）から、何度も厳しい検閲が入ることに。そんな中、ＧＨＱと交渉しながら作り上げる編集作業は、真剣勝負そのものだった。当時、思想に問題ありと判断された国定忠治は、県を代表するヒーローながらかるたに採用されていないのが、その名残ともいえる。

かるたができた翌年には、早くも第一回となる「上毛かるた競技大会」を開催。これを機に上毛かるたは、県民の間に浸透していった。

栃木県民のための下野かるたとは?

ご当地かるたとして唯一無比の存在感を放つこのかるた、県民も誇りを持っているに違いない。そのお隣の栃木県にも、県民のためのかるたが存在することは、あまり知られていないのではなかろうか。

そのかるたの名前は「下野《しもつけ》かるた」。「私たちのふるさとを見つめ直そう」との趣旨のもと、「孔子《こうし》をまつる足利学校」「りんどう揺れる那須高原」など、栃木県を題材とする作品を広く県民から公募し、一九七七(昭和五二)年に栃木県文化協会が発刊した。「下野」と令制国家名をつけているところを見ると、もしかすると上毛かるたに刺激を受けて作られたのかもしれない。県民の協力のもと作られた点も共通している。一方、上毛かるたの絵札が洋風の絵柄なのに対し、下野かるたは切り絵のため雰囲気が異なる。

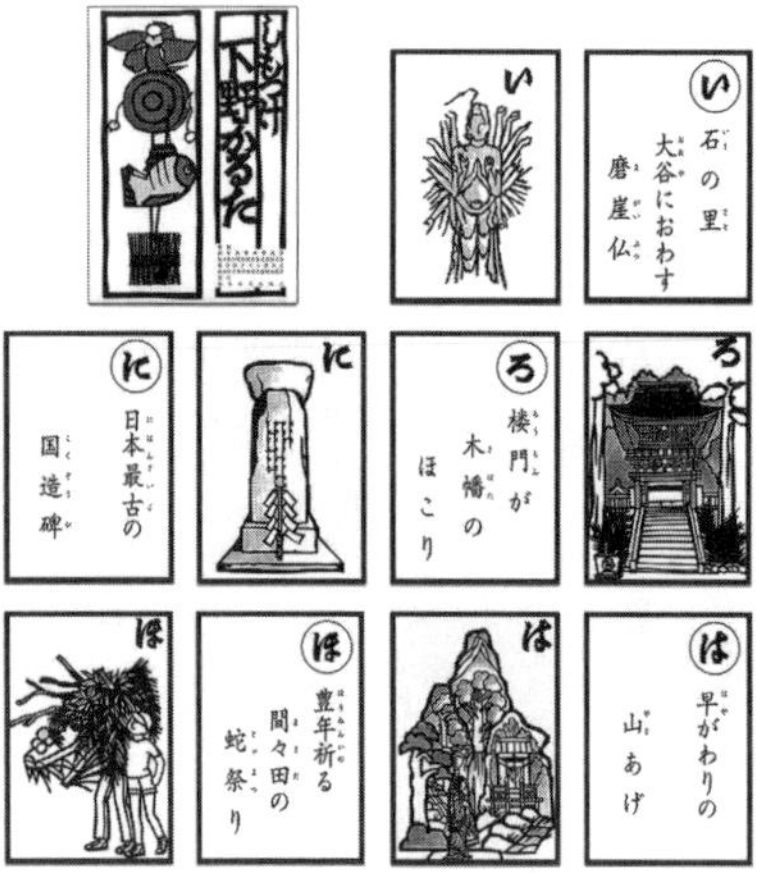

栃木県の名所や風習が詠みこまれた「下野かるた」。絵札が切り絵で味がある

下野かるたができた当初は、県内の小学校を通じて多くの家庭で購入されたことから、当時小学生だった現在三〇～五〇代の県民にとっては、なじみ深い存在となっている。現在も小学校を通じて販売されているほか、県立の博物館や美術館でも手に入る。

では北関東の残る一県、茨城県のかるた事情はというと、残念ながら県を代表するかるたは発刊されていない。その代わり、地元の歴史や自然を詠んだ「水戸《みと》郷土かるた」や「牛久《うしく》郷土かるた」など、市町村が手がけているものがある。

歴史や県民への普及度という点では、上毛かるたの右に出るものはないが、茨城県や栃木県にもれっきとしたご当地かるたは存在していたのである。

Chapter 1

03

産業

意外に思う？ それとも納得できる？ 三県それぞれが誇る農産物の日本一

北関東は広大な関東平野に位置するという自然条件に加え、大消費地である東京が近いことから都市の人々に供給する農産物を多く生産しており、農業が盛んとなっている。

中でも抜きん出ているのが茨城県だ。二〇一七（平成二九）年の都道府県別の農業生産額（農林水産省）は、四九六七億円と全国三位。二〇一三（平成二五）年～二〇一六（平成二八）年は、ずっと年間二位の座を守り、二〇一七年は惜しくも一つ順位を下げたが、それでも日本屈指の農業県であることに変わりはない。県北など一部を除いて大半が平地であることや、利根川や久慈《くじ》川などの川と日本で二番目に大きな湖の霞ヶ浦を有する、水の豊かさなどが理由に挙げられる。

残る二県の農業産出額はというと、栃木県は二八二八億円で九位、群馬県は二五五〇億円で一一位（いずれも二〇一七年［平成二九］年）と、やはり上位に位置している。

都心の食卓を支えるため、北関東では栽培する農産物の種類もバリエーション豊かだ。その中でも生産量日本一を誇る農産物を、県ごとにいくつか紹介していこう。

茨城県が一位の農産物は、鶏卵、白菜、ピーマン、チンゲンサイ、栗など多彩だ。意外なのがメロン。一般的にメロンの産地といえば北海道を思い浮かべるが、実はナンバーワンは茨城県なのだ。特に鉾田《ほこた》市は市町村別でも日本一となっている。関東ローム層の赤土や、春に海から吹く東風の「いなさ」により生まれる昼夜の寒暖差がメロン栽培に適しており、収穫作業に好都合な平地であることも有利に働いている。アンデスメロン、アールスメロンなど、種類も様々。地名を冠した「鉾田メロン」や「イバラキング」などの新品種も開発されている。

また、茨城県産が日本の生産量の半分近くを占めるのがレンコンだ。生産エリアは霞ヶ浦周辺。レンコンは南方系の地下茎作物のため、野草が堆積し水温が高く保たれ土壌も肥えている霞ヶ浦は、レンコン栽培の好条件が揃っている。

メロン同様、意外な日本一がビール。これは茨城県にアサヒビールとキリンビールの工場があるためだ。ビール大瓶一本を作るには、その約六倍の水が必要となる。有名メーカーが競うように茨城県に工場を置くのは、ビール造りに欠かせない水が豊富にあるからだ。

●北関東3県がNo.1の主な農産物

農産物	順位	都道府県名	生産量
メロン	1位	茨城県	約4万1600トン
	2位	北海道	約2万4700トン
	3位	熊本県	約2万1600トン
レンコン	1位	茨城県	約2万9500トン
	2位	徳島県	約7060トン
	3位	佐賀県	約6510トン
いちご	1位	栃木県	約2万5100トン
	2位	福岡県	約1万7700トン
	3位	熊本県	約1万800トン
かんぴょう	1位	栃木県	約265トン
	2位	茨城県	約2トン
	3位	滋賀県	約1トン
キャベツ	1位	群馬県	約26万1000トン
	2位	愛知県	約24万5100トン
	3位	千葉県	約11万1100トン
コンニャクイモ	1位	群馬県	約5万9700トン
	2位	栃木県	約1820トン

※農林水産省「作物統計調査」より
※数字は全て2016年のもの

群馬県や茨城県が売り出すいちごの新品種とは

栃木県の名産といえばいちご。農林水産省による「二〇一七（平成二九）年農業産出額及び生産農業所得」によると、北関東三県のいちごの産出額は栃木県が二七一億円で全国一位、茨城県が九二億円で七位、そして群馬県は三六億円で一一位となっている。ちなみに栃木県は一九六八（昭和四三）年から、いちごの県別生産量は連続日本一を記録している。

戦後、農業技術研究家の仁井田一郎《にいたいちろう》氏が、栃木県における本格的ないちご栽培の礎を築いた。その後も栃木県農業試験場が品種の開発に取り組み、「女峰《にょほう》」や大人気の「とちおとめ」を誕生させ、栃木県を〝いちご王国〟の座へ押し上げた。現在も大粒の「スカイベリー」ほか、品種開発に積極的だ。

残る二県も負けていない。群馬県は「尾瀬はるか」や「おぜあかりん」を開発。茨城県では栃木県自慢の「とちおとめ」との交配で誕生した「いばらキッス」を売り出し中だ。

また地味ながらも、全国シェアでいちごを大きく上回るのが栃木県のかんぴょう。中国からの輸入品に押されて国産かんぴょうの生産は減ってはいるものの、日本で生産されるかんぴょうの実に九八パーセントが栃木産だ。

かんぴょうの原料となるユウガオの実を紐状にむいて干す風景は栃木県壬生町の夏の風物詩

一七一二（正徳《しょうとく》二）年、下野国壬生《みぶ》藩（現在の下都賀《しもつが》郡壬生町）に国替えになった藩主・鳥居忠英《とりいただてる》が、前任地の近江国水口《おうみのくにみなくち》（現在の滋賀県甲賀市）からかんぴょうの原材料であるユウガオの種を取り寄せ、栽培を奨励したのが栃木県でのかんぴょう生産の始まりという。

そして群馬県の日本一といえば、夏秋キャベツ。その名のとおり夏から秋にかけて収穫期を迎えるキャベツの種類を指し、「高原キャベツ」とも呼ばれる。一大産地は吾妻《あがつま》郡嬬恋《つまごい》村。人口一万人に満たない村で生産される「嬬恋高原キャベツ」が、県内の生産量の九〇パーセント以上、収穫される時期には首都圏の八〇パーセントを占めるというのだから驚きだ。

嬬恋高原キャベツは、標高八〇〇〜一四〇〇

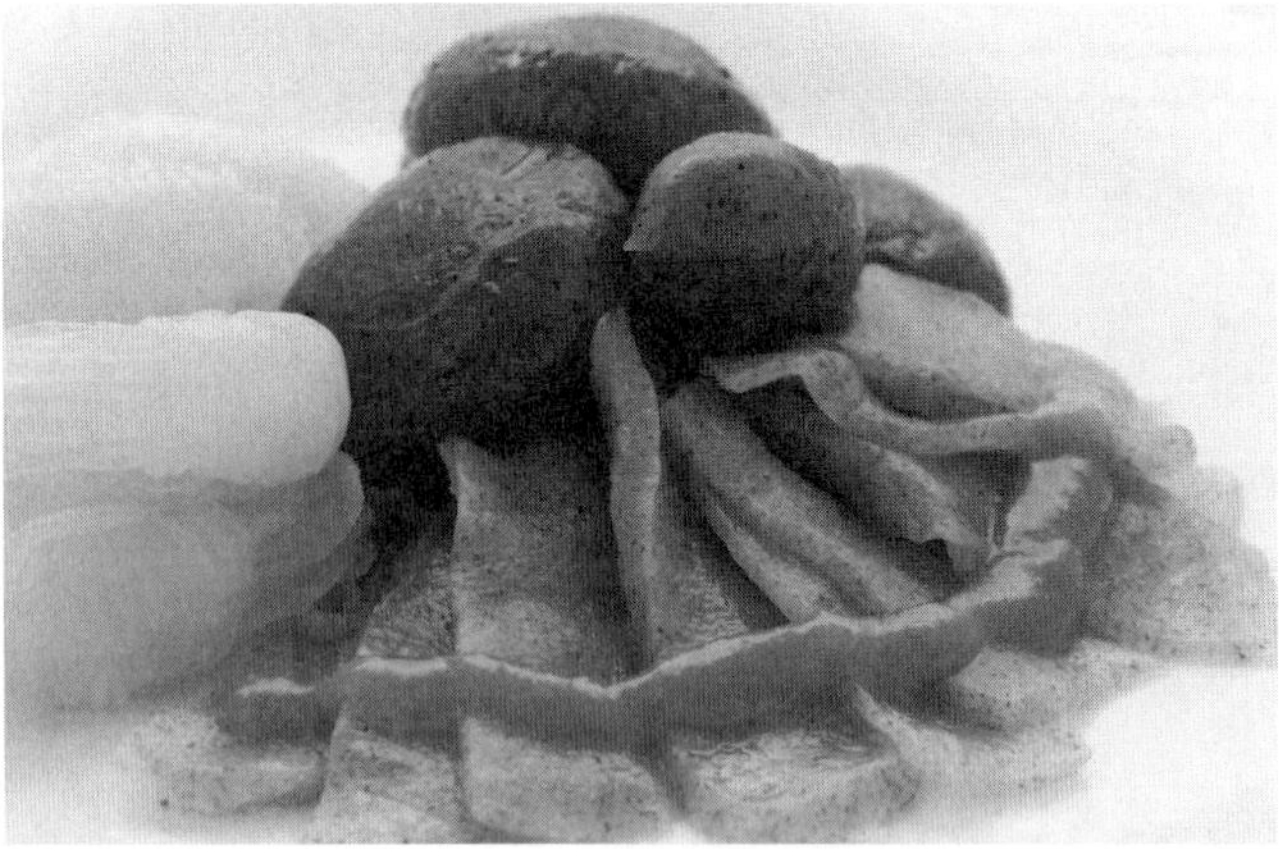
北関東特産のコンニャク。手を変え品を変えて様々な製品が生み出されている

メートルの高冷地で育てられる。夏の気温は涼しく降水量も多く、昼夜の温度差が大きいことが夏秋キャベツ栽培に最適となっている。

群馬県でもう一つ、全国生産量の九〇パーセント以上と驚異のシェア率を誇るのが、こんにゃくの原料であるコンニャクイモ。コンニャクイモは湿度や乾燥に弱いデリケートな種のため、強い陽射しや強風が届かず水はけもよい山の斜面に植えられてきた。最近は栽培技術が進み、平坦な土地でも生産ができるようになった。収穫したコンニャクイモを乾燥させる加工作業では、上州名物からっ風が適していたことも群馬県で栽培が盛んになった理由である。

産業

内陸と太平洋岸で工業地帯が発展！交通インフラも整ってそのまま海上輸送も

関東から九州北部までの太平洋沿岸に集中している工業地帯は、一般的に「太平洋ベルト」と呼ばれる。戦後、政策として重化学工業が推進された際、交通の便がよく、原料や製品の輸送に便利な太平洋に面したこのエリアが、工業地帯として発展した。

太平洋ベルトには、埼玉県・群馬県・栃木県・茨城県の内陸部に広がる「北関東工業地域」や、茨城県沿岸部の「鹿島《かしま》臨海工業地帯」も含まれている。群馬県や栃木県の工業地帯は、茨城県と異なり内陸部に発展したことから「関東内陸工業地域」とも呼ばれている。

古くから群馬県では養蚕《ようさん》が盛んに行われており、富岡市では一八七二（明治五）年に、本格的な器械製糸工場としては日本初となる、富岡製糸場が誕生した。二〇一四（平成二六）年には、近代化遺産として世界遺産に登録されている。

現在、関東内陸工業地域の主要産業は輸送機器産業である。群馬県太田《おおた》市を中心とした両毛《りょうもう》地域では、輸送機器産業のほか電気機器産業なども発展し、かつて群馬県の主要産業であった繊維産業にとって代わるほどの勢いになった。太田市は戦前、軍用機や航空エンジンの開発を行っていた「中島飛行機」(現・SUBARU)のお膝元として発展。太平洋戦争が終わると中島飛行機は「富士産業」に名前を変え、後に「富士重工業」が設立されて、航空機開発のノウハウを活かした自動車などの輸送機器の事業へと移行していく。現在では大規模工業団地を有する、北関東随一の工業都市となっている。二〇一六(平成二八)年実績の市区町村別の製造品出荷額等は、二兆八四二一億五〇二二万円で全国一一位。主な製造品はやはり輸送機器で、全体の七五・七パーセントを占めている。

栃木県宇都宮市も戦前に軍需工場が置かれており、戦後はその技術を引き継いだ富士重工業を中心に、金属工業など航空機産業に参入している。

一九七〇年代以降に高度経済成長が終焉を迎えた後は、臨海地域でなくても製造可能な機械工業や自動車産業なども内陸部に工場を建設している。

未開発の土地に造られた鹿島臨海工業地帯

茨城県は、臨海部が工業地帯として発展している。鹿島灘の南に位置する鹿島港は元来、交通の便にも恵まれず、砂丘地帯だったため農業にも適さない地域だった。しかし戦後、東京都から約八〇キロメートルと近いこと、開発が遅れたため手つかずの広い土地があることなどから、新たな工業地帯として開発される。

鹿島港は約二・三九八ヘクタールの広大な臨海工業用地として整備され、鉄鋼、石油精製、石油化学、鉄鋼製品の二次加工、その他化学工業、飼料、食品、木材などの事業所や工場が林立するようになった。またこれらの工場を支えるため、現在は六つの火力発電所、バイオマスや風力、蒸気ボイラーシステムなどの再生可能エネルギーによる五つの発電所が稼働している。さらに今後も新たな発電所が建設される予定だ。

県北部の日立市では、戦前にモーター開発から始まった「日立製作所」が電気機器メーカーとして業務を拡大した。さらに戦後は工場の分社化や下請け、孫請けの中小企業の誕生により、工業地帯として発展していった。

一時期は日立市内の事業所数（従業員四人以上）は五〇〇近くあったが、二〇一三（平成二五）年には三九五と四〇〇を切り、さらに翌年には製造品出荷額等が一兆円を切り、九九三八億一八五七万円となっている。

全国的に製造業の事業者数は減少傾向にある中、北関東において製造業が主力産業であ

日立（電気機器など）
木 県
大田原
北茨城
宇都宮（金属など）
日光
茨 城 県
日立
宇都宮
栃木市
笠間
水戸
小山
古河
つくば
土浦
鹿島
鹿島港
鹿島臨海工業地帯
（石油・化学・鉄鋼など）

●北関東工業地域と鹿島臨海工業地帯

ることには変わりはない。二〇一八（平成三〇）年の工業統計速報による都道府県別の製造品出荷額等は、茨城県が一二兆二五二六億円、栃木県が九兆一四九五億円、群馬県が八兆九六九一億円となっており、そのうち主力産業は茨城県が化学（約一三・一パーセント）、栃木県が輸送用機械（約一六・四パーセント）、群馬県も輸送用機械（約四〇・九パーセント）となっている。

交通インフラの整備で工業も発展

近年の交通インフラの整備により、新たな北関東三県の工業の発展が期待できるようになってきた。二〇一一（平成二三）年に北関東自動車道が全面開通し、群馬県高崎市から栃木県を横断して、茨城県ひたちなか市までを結んだ。これにより中核国際港湾として発展を続けている常陸那珂港区から、群馬県までの約一五〇キロメートルに及ぶ新たな東西の物流ルートができあがったのである。

また常陸那珂港区には、二〇一二（平成二四）年一〇月に「中国・韓国・東南アジア定期コンテナ航路」が開設され、海上輸送も充実。北関東の内陸部で造られた製品が北関東自動車道を通って茨城県沿岸部まで運ばれ、そのまま海上に輸送される流れができた。

こうした物流ルートを活用するために、北関東自動車道や首都圏中央連絡自動車道（圏央道）沿いには、常陸那珂港区などから輸出される重機製造の企業や食品会社などが、新たに工場を建設している。経済産業省が行っている、製造業、ガス業、熱供給業、電気業（水力・地熱・太陽光発電所を除く）で一千万平方メートル以上の用地取得を行った工場を調査した「二〇一八（平成三〇）年一～十二月工場立地動向調査（速報）」では、群馬県が立地件数で全国二位。その理由は円滑な輸送ルートが整備されたことを受け、高速道路周辺の高崎スマートＩＣ産業団地や伊勢崎宮郷工業団地、桐生武井西工業団地などに人気が集まり用地取得が進んだことだという。

また茨城県でも圏央道の県内区間全線開通により、食料品製造業の進出が進んでいる。栃木県は工場立地動向調査では例年上位にあったが、二〇一八（平成三〇）年は立地件数が十四位と低迷。しかし那須塩原市での産業団地の分譲も予定されているので、今後に期待がかかる。こうした高速道路を中心とした物流ルートを基盤として、さらに北関東の工業は発展していくことだろう。

Chapter 1

05

政治

北関東三県の政治力を比べてみると なぜか茨城県からは総理大臣が出ていない？

地方自治体の発展は、地元から輩出される大物政治家がカギを握ることがある。そこで、北関東三県から輩出された内閣総理大臣の人数を比較してみよう。

輩出人数が突出しているのが群馬県だ。六七代・福田赳夫《たけお》、七一〜七三代の三期を務めた中曽根康弘《なかそねやすひろ》、八四代・小渕恵三《おぶちけいぞう》、そして福田赳夫の息子である九一代・福田康夫《やすお》。福田康夫は東京出身とする場合もあるが、首相官邸のＨＰでは群馬県が出身地とされている。

合計四名という人数は、総理大臣輩出人数一位を誇る山口県の八名に次いで、岩手県の四名と同じ二位。しかもこの四名は、中選挙区時代の群馬三区（高崎市・群馬郡・多野《たの》郡・北甘楽《きたかんら》郡・碓氷《うすい》郡・吾妻《あがつま》郡）から選出されているという過密ぶりだ。かつてはこの選挙区において、中曽根康弘と福田赳夫が激しい争いを繰り広げ、その様子は「上州戦争」と呼ばれたほどだった。

印象が薄い栃木県出身の総理大臣

栃木県からも総理大臣は輩出されている。第二次世界大戦中、一九四四（昭和一九）年七月九日のサイパン陥落を受けて、東條英機《ひでき》内閣が総辞職したあとに総理大臣になった小磯國昭《こいそくにあき》だ。小磯は一八八〇（明治一三）年、栃木県宇都宮市生まれ。父は新庄藩（現在の山形県）の藩士で、明治維新で宇都宮警察署に赴任していた。その後、父が島根県県属、最上郡長、南村山郡長、山形県参事官などの職を次々と歴任したため、小磯もそれに伴い転々としながら少年時代を送った。だから栃木県にいた期間はわずかで、栃木県の郷土人という印象は薄いかもしれない。

その後、陸軍士官学校・陸軍大学を卒業して陸軍大将に上り詰め、第二次世界大戦末期の一九四四（昭和一九）年に第四一代内閣総理大臣に就任。戦局の改善を図るも、努力もむなしく一九四五（昭和二〇）年に内閣を総辞職することとなった。GHQからは逮捕命令が下り、翌年に起訴され、一九四八（昭和二三）年にいわゆる東京裁判で終身刑の判決を受ける。そして一九五〇（昭和二五）年に、巣鴨拘置所内で食道がんにより死去。戦中～戦後史に翻弄された総理大臣であった。

ちなみに小磯内閣のあとに総理大臣に就任し、ポツダム宣言を受諾した鈴木貫太郎《かんたろう》は、群馬県出身ではないものの、群馬県育ちの総理大臣だ。

このほか栃木県ゆかりの人物で総理の座に近かった大物政治家は、宇都宮市出身で第五一代・第五六代衆議院議長、自由民主党副総裁を務めた船田中《ふなだなか》、そして元副総理兼外相の「ミッチー」こと渡辺美智雄《みちお》（千葉県習志野市生まれ、栃木県那須郡川西町育ち）が挙がる。渡辺美智雄の息子は、みんなの党代表を務めた参議院議員の渡辺喜美《よしみ》。さらに二〇一九（平成三一）年四月の統一地方選で、那須塩原市長に当選した渡辺美知太郎《みちたろう》は孫にあたる。

また近年の著名な政治家としては、立憲民主党党首・枝野幸男氏が宇都宮市出身だ。

なぜ茨城県からは総理大臣が出ていないのか

かつて水戸藩（茨城県水戸市）は、全国から優秀な学者が集まる「水戸学」という独自の思想体系が発達し、幕末は尊王攘夷《そんのうじょうい》の中心地だった。藩で尊王攘夷派とそれに反対する勢力との内部抗争が長引いたため、優秀な藩士の多くが命を落とし、明治政府で活躍する要人を輩出できなかったといわれる。

茨城県出身で総理大臣の座に近かった人物に、梶山静六《かじやませいろく》がいる。一九八〇年代後半、田

●北関東出身の総理大臣・有力政治家

群馬県	福田赳夫	生没年：1905～1995年、在職期間（総理大臣）：1976年12月24日～1978年12月7日、出身地：群馬県高崎市群馬金古。総理大臣としての在任期間は短かったが、1960年代の高度経済成長期を支えた。外交での業績は幅広く、東南アジア外交の基軸を作り上げた。
	中曽根康弘	1918年生まれ、在職期間（総理大臣）：1982年11月27日～1983年12月27日、1983年12月27日～1986年7月22日、出身地：群馬県高崎市。対米関係の構築に尽力し、「ヤス」の愛称でロナルド・レーガン大統領と協力した。また国鉄や電電公社などの民営化にも努めた。
	小渕恵三	生没年：1937～2000年、在職期間（総理大臣）：1998年7月30日～2000年4月5日、出身地：群馬県中之条町。親しみやすい人柄で愛された総理大臣。電話でのコミュニケーションを好み、名前にちなんだ「ブッチホン」は流行語大賞を受賞。
	福田康夫	1936年生まれ、在職期間（総理大臣）：2007年9月26日～2008年9月24日、出身地：東京府東京市生まれ、群馬県高崎市育ち。多国間協調を重視した外交、日米同盟の強化などを提唱し、推し進めた。東アジア政策では日韓友好を訴えた。
栃木県	小磯國昭	生没年：1880～1950年、在職期間（総理大臣）：1944年7月22日～1945年4月7日、出身地：栃木県宇都宮市。東條英機の後を継ぐ形で総理大臣に就任。しかし戦局の打開、中華民国との和平交渉はとん挫し、辞任に至った。
	船田中	生没年：1895～1979年、在職期間（衆議院議長）：1963年12月7日～1965年12月20日、1970年1月14日～1972年11月13日、出身地：栃木県宇都宮市。衆議院議長在職期間は1780日で日本歴代2位。世界連邦運動の推進団体である世界連邦日本国会委員会の第7代会長。
	渡辺美智雄	生没年：1923～1995年、在職期間（副総理）：1991年11月5日～1993年4月7日、出身地：千葉県習志野市生まれ、栃木県那須郡川西町育ち。「ミッチー」の愛称で親しまれ、副総理のほか厚生・農水・外務の各大臣などを歴任。息子は参議院議員の渡辺善美。
	枝野幸男	1964年生まれ、在職期間（立憲民主党代表）：2017年10月3日～、出身地：栃木県宇都宮市。立憲民主党の初代代表に就任。これまで内閣官房長官、経済産業大臣、民進党初代幹事長などを歴任している。
茨城県	梶山静六	生没年：1926年～2000年、在職期間（内閣官房長官）：1996年1月11日～1996年11月7日、1996年11月7日～1998年7月30日、出身地：茨城県常陸太田市。茨城県議を経て衆議院議員当選。自治・通産・法務の各大臣、官房長官などを歴任。息子は衆議院議員の梶山ひろし。

中角栄に反旗を翻すかたちで竹下登が「経世会」を結成した。中心メンバーには「竹下派七奉行」と呼ばれる七人の有力政治家がおり、梶山静六もその一人だった。竹下派七奉行には後に内閣総理大臣を務めた人物が多く、梶山は橋本政権時代には官房長官を務めたことがある。

しかし二〇〇〇（平成三）年のはじめに交通事故に遭い療養し、その後体調を崩して政界を引退。同年に亡くなった。梶山が事故や体調不良に遭わなければ、茨城県出身の総理大臣が誕生していたかもしれない。

Chapter 1

06

流通

北関東発ヤマダ電機、コジマ、ケーズデンキが急成長した謎と終わりなきYKK家電戦争

郊外の国道を車で走っていると、必ずといっていいほど視界に飛び込んでくるのが大型家電量販店。今や日本中どこに出かけても当たり前に見られるようになったロードサイドの風景だが、全国にこれほど家電量販店が増えたのは、一九九〇年代に「ヤマダ電機」、「コジマ」、「ケーズデンキ」の三社間で起こった覇権争いがきっかけといわれている。

実はこの三社はすべて、北関東で産声をあげた企業なのだ。ヤマダ電機は群馬県高崎市、コジマは栃木県宇都宮市、ケーズデンキは茨城県水戸市が発祥。一九八〇年代からすでに水面下で店舗網拡張や値下げ合戦が繰り広げられていたが、一九九〇年代半ばから覇権争いは急速に激化し、三社の頭文字を冠した「YKK戦争」と呼ばれる戦いが勃発した。この戦いの中で隣県の企業にも負けまいと、競い合うように首都圏や全国へと店舗を拡大していったことが、現在の家電量販店の増殖につながることとなった。

もともとは三社とも、ごく普通の街の電器屋だったのに、なぜ大手家電量販店へと進化し、急成長を遂げることになったのだろうか。これには北関東という地域性が少なからず関係している。首都圏と比べると公共交通網がそれほど整備されていなかった北関東では、移動手段は車が基本。そこに目をつけた電器屋の経営者たちが、広い駐車場付きの店舗を郊外に出店するようになり、これが郊外型家電量販店の始まりといわれている。いわば交通アクセスの不便な北関東のロケーションが、新たな商売のヒントになったのである。モータリゼーション時代の到来を早くから予測していたという点では、北関東の経営者たちは時代を見る目に長けていたといってもいいだろう。

一九九〇年代半ばから三社の覇権争いが激化していったのには、理由がある。それまでは「大店法（大規模小売店法）」という法律で大型店の出店が厳しく規制されていたが、一九九四（平成六）年に規制緩和が始まり、一〇〇〇平方メートル未満の店舗ならば出店可能となった。これを商機ととらえた三社がこぞってロードサイドに大型店をオープンし、価格や品揃え、サービスを競い合うようになったのだ。さらに、二〇〇〇（平成一二）年に大店法が廃止されたのを機に、店舗はより大型化していくことになる。

ＹＫＫ戦争の勝者は誰だったのか？

他社の店舗のすぐ近くに対抗店を出店するというえげつない戦略や、一円や五円を競い合う熾烈な値引き合戦で、当時は大きな話題となったＹＫＫ戦争。最終的にはどこが勝利したのだろうか。最初に天下取りの戦いに勝利したのはコジマだった。一九九六（平成八）年、コジマはそれまで業界一位だったベスト電器を抜いて、家電売り上げ日本一の座に上り詰めた。しかし従来のビジネスモデルにこだわり続けたコジマに対し、ヤマダ電機はＭ＆Ａや超大型店舗化、パソコン販売などに積極的に取り組んだことで形勢は逆転。二〇〇二（平成一四）年には、ヤマダ電機がコジマから業界首位の座を奪って日本一になった。敗れたコジマはその後も形勢を立て直すことができず、二〇一二（平成二四）年にはビックカメラに買収されて子会社化してしまう。

ビックカメラはヤマダ電機と同じく、群馬県高崎市発祥の企業だ。それをふまえると栃木県発祥のコジマは、奇しくも群馬県勢力に完全敗北したことになる。栃木県民は保守的で安定志向、群馬県民は新しもの好きでギャンブル好きといわれるが、こうした県民性の違いが戦の勝敗に関係していたのかもしれない。

ちなみにケーズデンキは、店舗網拡張戦略をとったという点ではほかの二社と同じだが、会員向けポイントサービスを行わない代わりにアフターサービスを充実させるなど、独自の路線を歩むことで地道に成長を続けている。

ＹＫＫ戦争は今も終わってはいない

ではＹＫＫ戦争勃発から四半世紀を経た現在、家電量販店業界の勢力図はどう変化しているのだろう。二〇一五〜二〇一六（平成二七〜二八）年度の三社の売上高のランキングを見ると、一位ヤマダ電機、四位ケーズデンキ、七位コジマとなっている。売り上げデータだけに着目すると、ＹＫＫ戦争に勝利したヤマダ電機の牙城は現在も崩れていないように感じるが、決算状況に目を移すとヤマダ電機は順風満帆どころか、危機的状況に陥っている気配がある。

二〇一八（平成三〇）年三月決算では売上高はほぼ横ばいだが、経常利益・営業利益・純利益とも大幅にダウン。二〇一九（平成三一）年三月中期決算でも、純利益は前年同時期の約半分となっている。これはヤマダ電機が二〇一一（平成二三）年に注文住宅の「エスバイエル」や、リフォームの「ハウステックホールディングス」といった住宅関連企業を買収し、住まいに関する家一軒まるごとのサービスを謳った新事業をスタートしたのが原因である。家電、家具、リフォームなど、住宅に関するサービスをまとめて提供する「家電すまいる館」に、既存店の多くを改装したことで家電売り場が縮小されたことに加え、子会社化した住宅関連企業の赤字が経営を圧迫しているのが減益の理由だ。

一方、コジマは売り上げランキングこそ低位に甘んじているが、業績は好調。ビックカメラの子会社になったことで、共同仕入れによるコスト削減や品揃えの強化が図られたことに加え、二〇一三（平成二五）年から出店を始めた新業態店舗「コジマ×ビックカメラ」も好調で、収益は伸びてきている。

ケーズデンキもＹＫＫ戦争の時代は比較的地味な存在であったが、「がんばらない経営」という独自のコンセプトを経営の柱としたローコスト経営が功を奏し、着実に業績を伸ばしている。

それぞれ異なる経営方針を推し進めていきながら、三社のランキングは今後どう入れ替わっていくのだろうか。北関東を舞台にした家電戦争はこれからまた、新たな局面を迎えようとしている。

Chapter 1 07

生活

コンビニも居酒屋も駐車場広すぎ！車社会天国ではメガネ屋もドライブスルー

長引く個人消費の冷え込みを反映してか、若い人が車の購入に関心を示さなくなる若者の「車離れ」が叫ばれて久しい。だが、それはあくまで、鉄道やバスなど公共交通機関が発達した都心部での話。移動の足となる交通機関の衰退が進む地域では、「車は一家に一台」がもはや常識となっている。

統計によると、日本全国での一世帯当たりの自動車の普及台数は約一・一台。四〇の道県で一台以上という状況だ（二〇一八年三月　一般財団法人自動車検査登録情報協会調べ）。そんな中でも、北関東の車の普及率はトップレベルを誇る。前述の調査の都道府県別データによると、四位が群馬、五位栃木、六位茨城と、三県ともに上位に食い込んでおり、台数はいずれも約一・六台。つまり北関東は、日本の中でも屈指の車社会なのだ。

そのため、北関東の店では多くの客を呼び込もうと、競うように広大な駐車場を造り上

●2018年都道府県別自動車保有台数トップ10

順位	都道府県名	世帯あたりの保有台数（台）
1	福井県	1.746
2	富山県	1.694
3	山形県	1.677
4	群馬県	1.634
5	栃木県	1.611
6	茨城県	1.594
7	岐阜県	1.588
8	長野県	1.583
9	福島県	1.563
10	新潟県	1.551

※「自動車検査登録情報協会」より

げている。広い駐車場の片隅に、コンビニがポツンと建っている光景もおなじみだ。居酒屋も例外ではなく、しっかりと自前の駐車場を展開しているところが多い。もちろん飲み終わった客は自分で運転せず、家族や友人に迎えに来てもらうか、運転代行を依頼する。

北関東の中でも、車への依存度がもっとも高いといわれるのが群馬県だ。何の目的で、どんな交通手段で移動したかなど、人の一日の動きを調べる「パーソントリップ調査」を群馬県が実施した。前橋市、高崎市、両毛郡のそれぞれ都市圏を対象とした二〇一五（平成二七）年の調査では、一〇〇メートル未満の移動でも、実に四人に一人が車を利用しているという驚くべき結果が明らかとなった。五〇〇メートルを超えると、もはや半分以上の人が車を使っているという。「それぐらいの距離なら、自分の足で走って行った方が早いのでは？」という気もするが、それだけ群馬県民にとって、「外での移動、イコール車」というのが、当たり前の感覚になっているのだ。

薬局やメガネ店まで！　もてはやされるドライブスルー

いったん車に乗ってしまえば、降りたり駐車するがの面倒との気持ちになるためだろうか、群馬はドライブスルー天国だ。コーヒーショップ、ハンバーガー店、牛丼店など、有名チェーン店の数々が、都心部ではあまり見かけないドライブスルーコーナーを設置している。さらには飲食店だけではなく、薬局やクリーニング店といった業種にも存在する。

二〇一三（平成二五）年に前橋市に、「ＪＩＮＳパワーモール前橋みなみ店」がオープンした。ＪＩＮＳは全国展開するアイウエアブランドだが、この店舗は何と、世界初のメガネショップのドライブスルーとして話題を呼んでいる。

メガネは慎重に選びたい商品だけに、ドライブスルーはそぐわなそうだが、次のようなシステムを知れば安心して購入できることがわかる。ドライブスルーでは、某有名ハンバーガー大手チェーン店と同様、注文と会計を二段階で行なう。まずは一つ目の無人の窓口に

車から降りずに商品を購入できる「メガネスーパーコンタクト」のドライブスルー

車を乗りつけ、商品が映し出されるディスプレイを確認。その中から購入したい商品を選び、マイク越しに店内のスタッフに伝えたら注文完了だ。

次に数メートル先にある二つ目の窓口へと移動。ここで、先ほど注文した商品の試着用のメガネを渡される。実際にメガネをかけてみて問題なければ、その場で支払いを行なう。そこから約三〇分ほど加工のための時間がかかるため、いったんドライブスルーを出てから指定された時間以降に同じ窓口を再訪して、商品を受け取るという流れだ。

購入だけでなく、クリーニングやメンテナンス、オーダーしたメガネの受け取りもドライブスルーで可能である。ただし視力検査だけは店内のみで実施している。

　これに刺激を受けたのだろうか、茨城県日立市には全国初の、コンタクトレンズのドライブスルーが誕生した。

　二〇一五（平成二七）年、全国展開するメガネショップのメガネスーパーが、既存の日立田尻店に新たに追加する形で、コンタクトレンズを専門に扱う「メガネスーパーコンタクト」をオープンさせた。そして、このコンタクトレンズ部門のみ、ドライブスルー形式となっている。

　事前に同社のコールセンター等に注文しておき、ドライブスルーで商品を受け取ることができる仕組みで、外出や買い物のついでに商品をピックアップできて便利だ。

　車が手放せない北関東圏人のニーズに応えるべく、今後も意外な業種のドライブスルーが増えていくのかもしれない。

Chapter

2

意識する？　しない？

くらしの中で見つけた北関東らしさ

生活

車社会による副産物？ もはや名物？ 根強く残るヤンキー文化と峠に集う走り屋の今

昭和の全盛期に見られたヤンキー＝不良少年・少女の定番スタイルは、リーゼントに特攻服姿といった独特のいでたちで周りを威圧し、暴走族などに入って改造したバイクや車でホーンを鳴らしながら仲間と夜の町を走り回る姿だろう。時代は移り数は減ったとはいえ、北関東ではまだまだ存在感を放っている。

北関東の中でも随一のヤンキーの温床は、茨城県といわれる。二〇〇四（平成一六）年に公開された映画『下妻《しもつま》物語』はその名の通り、茨城県下妻市を舞台とする作品で、二人の主人公のうち一人は、暴走族でヤンキーという設定だ。フィクションとはいえどこまでも広がる田んぼと、そこで繰り広げられる彼らの様々なやりとりから、茨城県のヤンキー事情がリアルに伝わってくる。

フィクションの映画のみならず、現実にヤンキー文化の浸透がわかるのが、茨城県警が設置している「暴走族相談電話」だ。暴走族に関する各種相談や暴走族関係の情報を、二四時間フリーダイヤルで受け付けている。こうした窓口は茨城県以外の県でもあるが、興味深いのは相談内容の例に「暴走族からの離脱に関すること」を挙げている点。「足を洗いたいが、恐くて抜けられない」などと、本人やその家族がかけてくる。茨城県の暴走族問題は、地域住民にとっても当事者にとっても未だ存在する、深刻な問題なのだ。

そもそもなぜ、茨城県はヤンキーが多いのか。茨城県は昔から農業が盛んで、近年は都道府県別の農業出荷額が二位や三位というトップレベル（二五ページ参照）。農業従事者が裕福になったことで、車やバイクの購入率が高まったという話もある。さらに茨城県では子どもが免許を取得したらすぐ、親が車を買い与えるのが一般的なのだとか。加えて茨城県は直線道路の総延長が、北海道に次いで全国二位。バイクや車を手に入れた若者は、広々と真っ直ぐな道でスピードを出したくなる……。重なり合ったこれらの要因が、暴走族やヤンキー文化が醸成される基となったのではないだろうか。

四六ページで触れたとおり、北関東は車の保有率が高い。群馬県が四位、栃木県が五位、茨城県が六位と、日本で屈指の車社会となっている。バスなどの公共交通機関が都心ほど発達しておらず、車に頼らざるを得ないことから、車は一家に一台どころか一人一台に迫る勢いだ。

若くして念願のマイカーを手にすることと、平地が多くて見通しのよい道があることで、仲間とつるんで思いきり走ったり、見映えやスピードにこだわった改造車に仕立てたくなる面はあるだろう。大胆な仮説ではあるが、北関東の車の所有率の高さが、茨城県や他二県のヤンキー文化に影響している側面はあるのではないだろうか。

群馬県が走り屋の聖地となった理由

真っ直ぐな道が茨城県でヤンキーが多い一因だとすれば、峠道の多さから「走り屋」の熱視線を浴びたのが群馬県だ。走り屋とは、高速道路や峠道などの公道を、運転技術を発揮しながらハイスピードで走る人々のこと。バイクや車の爆音とともに集団で町を徘徊する暴走族とは異なるが、走り屋の行為も運転手本人・周りに危険なのは変わりなく、違法行為なのは同様だ。

群馬県が走り屋の聖地となっている一つの理由は、走り屋が主人公になった人気漫画の舞台となっていることにある。その漫画は『頭文字《イニシャル》D』(講談社)。一九九五(平成七)年〜二〇一三(平成二五)年に少年漫画に連載された作品だ。

赤城山への県道4号も『頭文字D』のモデルの地。走り屋対策のため、路面にはところどころ凸凹がつけられている

榛名山は湖や周辺の山々をまとめた総称。『頭文字D』では「秋名山」とされている

ストーリーは、豆腐店の息子である主人公が、配達のため峠を車で走りながらドライビングテクニックを磨き、様々な峠をテリトリーとする走り屋チームと勝負するというもの。漫画に登場する峠は、榛名山、赤城山などの実在する峠がモデルとなっている。アニメ化もされ、香港では実写版映画にもなるなどアジアを中心に人気を博した。

そのためこれらの峠には、走り屋たちの車があちこちから何十台も訪れるようになった。これに頭を悩ませた群馬県は、峠道の要所に波型の舗装を一定間隔に設け、わざと走りにくくするスピードセーブ工法を施した。この結果、近年では走り屋を遠ざけられたようだ。

なお映画版では主人公の実家の豆腐店にも、モデルとなった店が実在した。群馬県渋川市の藤野屋豆腐店で、こちらも〝イニD〟ファンの聖地となっていたものの、区画整理のため閉店となった。店の看板や備品などは「伊香保おもちゃと人形自動車博物館」（群馬県北群馬郡吉岡町）に寄贈・移設され、再現された豆腐店が展示されている。

ちなみに『頭文字D』の作者のしげの秀一氏は、群馬県の隣の新潟県出身。自身も車が好きで、仕事の合間に群馬県の山を毎週のように走っていたという。違法な走り屋はさておき、群馬県は車好きにとって実に魅力的な、峠のドライブロードを擁する県であることは間違いない。

Chapter 2

02

生活

国内大手チェーンVS地元チェーン北関東のショッピング事情はどうなっている？

スーパーマーケット、コンビニエンスストア、ホームセンターなど、日本人の暮らしに関わりの深いチェーン店。北関東でも新規店舗が次々とオープンしており、地元のチェーンと全国チェーンが入り乱れ競っている。地域で繁盛させるためには、それぞれが特性を活かした戦略を練る必要がある。

北関東に限らず、今やどの地方の街でも見られるのが「イオンモール」だ。地域の様々な店舗を買収しながら、日本全国に勢力を拡大し続けており、北関東では群馬県と栃木県にそれぞれ二店、茨城県では四店を展開している。イオンリテール社が運営するスーパーに加え、日用品、家電、衣類、レストランをはじめとする専門店がテナントとして入店しているショッピングモールとなっており、必要な商品やサービスが一つの店舗ですべて揃う便利さが魅力だ。

どこの店舗もさして変わらないかと思いきや、実はテナントの三割程度はその店舗がある地元の企業などを、意図的に入れている。例えばイオンモール太田店（群馬県太田市）には、群馬県が本社の洋菓子店「ガトーフェスタハラダ」が入店し、人気のガトーフェスタ（ラスク）のほか、群馬県でしか買えない限定の菓子を販売している。イオンスタイル水戸下市店（茨城県水戸市）では、納豆コーナーの品揃えを充実させたり、「柔甘《やわらか》ねぎ」などの地場産のブランド野菜を扱うなどしており、デリカコーナーにはご当地グルメのスタミナラーメンの店も置いている。スーパー部門も同様に、地場産の野菜や酒、豆腐などの食材や食品を取り揃えている。栃木県の店なら、同県でよく売れるじゃがいも入り焼きそばやサメのフライを惣菜コーナーに並べたりと、店単位で品揃えを工夫し、地域に根ざした視点による店づくりを展開している。

ベイシアの戦略は買い物に地域の差が出ない店舗形態

全国展開のチェーン店に対し、ご当地企業も負けてはいない。好例が、群馬県生まれのスーパーマーケットの「ベイシア」だ。衣食住を総合的に扱う郊外型大型店舗や、食品に特化したものなど、各地域のニーズに合わせた店舗形態をとっている。ベイシアとは、ラテン語で「良・善」を意味するBENEと、旧社名の株式会社「いせや」を組み合わせた造語だ。一九五九（昭和三四）年、第一号店の「いせや伊勢崎店」がオープン。その後、株式会社ベイシアを設立し、一九九七（平成九）年に「ベイシア・スーパーモールいせさき」を開店したのを機に、急激に店舗数を増やしていく。二〇一九（平成三一）年現在は、群馬県に四六店、栃木県に一五店、茨城県に一〇店、ほかにも関東近県、さらに信越、中部地方にも出店しており、合計約一四〇店も抱えるまでに大成長した。二〇一四（平成二六）年には、東京都初出店となる店舗（青梅市）も開店している。

ベイシアでは生産者から直接商品を買い付けて価格を抑え、魚は茨城県や新潟県などの漁港から、肉も産地から直送し、野菜は地元農家が直接持ち込んで販売するなど、どの地域の店でも偏りなく様々な品が手に入るようにしている。地域ごとに店舗形態も変えており、人口密集地には食品を中心とした小型の「ベイシアマート」、小商圏なら食品や日用品などを扱う「スーパーマーケット」や「フードセンター」、郊外なら衣食住を総合的に扱う巨大な「スーパーセンター」など、住民のニーズに応えた店を出している。さらにはスポーツ用品専門店の「ベイシア・ワールドスポーツ」や衣類専門の「ベイシアファッションセンター」など、業態が幅広い。

群馬県内でもっとも店舗数が多い前橋市（一二店）を例に挙げると、前橋駅周囲の住宅密集地にあるベイシアマート前橋六供《ろっく》店は、店舗面積六八四平方メートル、駐車場台数四六台の比較的小型な店舗。商品も一〇〇円前後の加工食品など低価格に抑えている。これに対して、前橋南IC近くにある前橋みなみモール店は、店舗面積が一万一六二平方メートル、駐車場台数は一三六八台もある超大型店。敷地内にある全国チェーンのコーヒー店やハンバーガー店、ファミリーレストラン、書店などで食事や買い物が楽しめ、電機店や住宅展示場まで揃っている。

実はベイシアのグループ会社には、ホームセンターの「カインズ」、作業服・ユニフォーム専門店の「ワークマン」、コンビニの「セーブオン」など二九社がある。ベイシアとカインズが並んでオープンするなど、グループ会社と連携して共同出店も行っている。グループの売り上げは九〇〇〇億円に迫り、日本の小売業界のトップテンに食い込んでいる。

シャトルバスも運行して客を呼び込む

茨城県民の頼れるショッピングスポットといえば、ホームセンターの「ジョイフル本田」。一九七五（昭和五〇）年、土浦市に一号店がオープン。同市に本社を構える。圧倒されるのが、最低五万平方メートル以上あるという敷地の広さだ。品揃えも圧巻でインテリアにアウトドアグッズ、農業資材、文具、生活用品など、何でも調達できる。

ジョイフル本田は店舗を郊外に構え、それから店舗周辺の農地などへと敷地を拡げていくケースが多い。総店舗数は関東に一五店と多くはないものの、広さを武器として店舗ごとに大きな売り上げを稼ぎ出している。近くの駅から無料のシャトルバスを運行したり、店舗によっては車で来る人のためにガソリンスタンドまで備え、来店しやすい配慮が行き届いている。

そしてコンビニはセブンイレブン、ローソン、ファミリーマートの大手三社が幅を利かせる中、茨城県で目につくのが〝セコマ〟の愛称で親しまれる「セイコーマート」だ。

セコマグループの本社は北海道札幌市。二〇一八（平成三〇）年一二月現在、一二〇二店舗あるが、そのうちの一一〇七店が北海道にある。つまり、セコマは北海道で生まれ、北海道をメインの商圏とするコンビニということになる。ところがなぜか、本州でも茨城県と埼玉県の二県のみにセコマが存在しているのだ。そのうち茨城県が八六店、埼玉県は九店と、茨城県が圧倒的に多い。

セコマは酒販店をフランチャイズ化した一九七一（昭和四六）年に、札幌市にコンビニを開店した。その後、茨城県と埼玉県にある地元の酒卸し業者から、コンビニ運営のノウハウの提供を依頼され、後に業者にエリアフランチャイズ契約（特定の地域で、企業が本部としてフランチャイズ展開する権利を与えること）を結んだのが、関東進出の始まりとなった。埼玉県は一九八七（昭和六二）年、茨城県はその翌年に初出店。現在これらは、セコマグループの店舗となっている。

北海道ゆかりのコンビニだけに、関東圏の店舗であっても商品は北海道色が強い。原料の生産から商品製造、販売まで一貫して行う機能をもったセコマグループの強みを活かし、「Secomaブランド」としてオリジナル商品にも力を入れている。人気のラインナップは北海道豊富《とよとみ》町産の牛乳やヨーグルト、十勝ブランデーハイボール、大福、北海道メロンソフトなど。

また北海道産の食をPRするため関東店独自の取り組みとして、各店では毎月二週間、北海道フェアを開催している。つまり年の半分近くは、店舗でフェアを開催中ということになる。一方で、米どころで米菓好きの茨城県民の思いに応えるべく、やはり関東全店で地場産の米菓を集めた専用棚を設けている。

そして栃木県では、老舗の地場スーパーが元気だ。宇都宮市を中心に、県内に二〇店舗

セイコーマートの人気は店内で調理した弁当やおにぎりがある「ホットシェフ」コーナー
（※一部店舗は設置していないところもあり）

近くを構えるのが「かましん」。近江（現在の滋賀県）から全国を行商した近江商人の釜屋新兵衛が栃木県に根を下ろし、一八七二（明治五）年に釜新商店として食品、荒物、雑貨、靴卸し業を営業したのが始まりだ。

このほかのスーパーでは、宇都宮市を中心に三〇店舗以上を運営する「オータニ」も、栃木県で存在感を出している。またペンギンマークでおなじみの、一九三五（昭和一〇）年に創業した魚屋から始まった「ダイユー」が、那須塩原市を中心に県北の人々の食卓を支えている。

国内大手チェーン店が地方に次々と出店を仕掛ける中、負けじとばかり、北関東の地元企業もあくなき努力のもと、成長を続けているのである。

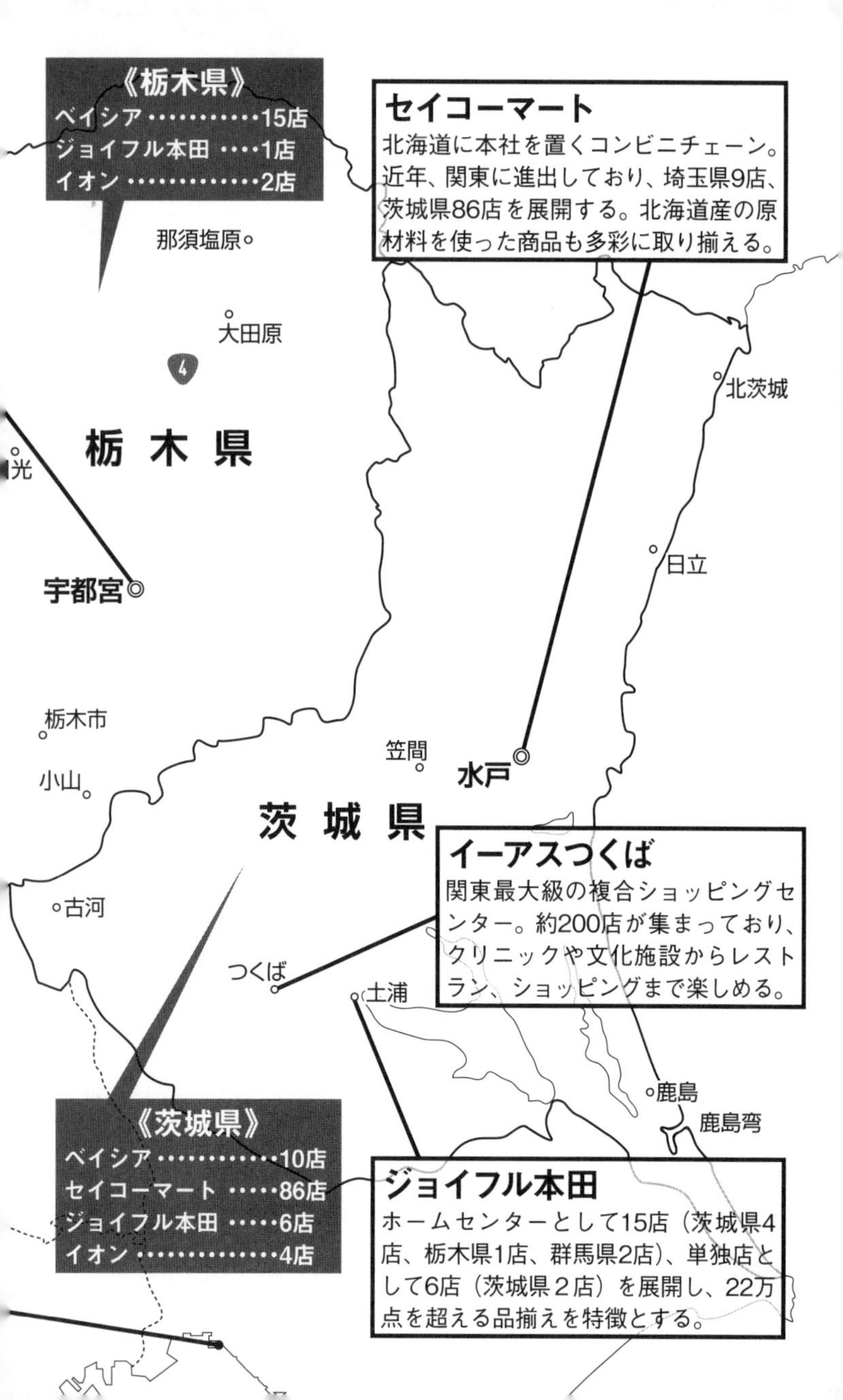

《栃木県》

ベイシア…………15店
ジョイフル本田 ….1店
イオン ……………2店

セイコーマート

北海道に本社を置くコンビニチェーン。近年、関東に進出しており、埼玉県9店、茨城県86店を展開する。北海道産の原材料を使った商品も多彩に取り揃える。

イーアスつくば

関東最大級の複合ショッピングセンター。約200店が集まっており、クリニックや文化施設からレストラン、ショッピングまで楽しめる。

《茨城県》

ベイシア……………10店
セイコーマート ……86店
ジョイフル本田 ……6店
イオン ………………4店

ジョイフル本田

ホームセンターとして15店（茨城県4店、栃木県1店、群馬県2店）、単独店として6店（茨城県２店）を展開し、22万点を超える品揃えを特徴とする。

●北関東の主なチェーン小売店の出店状況

(2019年5月現在)

《群馬県》
- ベイシア............46店
- ジョイフル本田......2店
- イオン..............2店
- スズラン............2店

ベルモール
宇都宮市に立地するショッピングセンターで、120店舗近いショップが営業している。映画、フィットネス、温泉なども揃っている。工場跡地を利用して造成された施設。

群 馬 県

沼田
渋川
前橋
高崎
富岡
下仁田
伊勢崎
太田
足利
佐野
館林

ベイシア
1都13県にネットワークを形成するスーパーマーケット。食料品、衣料品、日用雑貨など品揃えが豊富。群馬県に46店、栃木に15店、茨城に10店展開する。

スズラン
前橋と高崎に店舗を持つ群馬の老舗百貨店。ファッション、コスメ、アクセサリーなどから群馬県のお土産品まで幅広く取り揃え、地域住民のニーズに応える。

イオン
千葉県千葉市に本社を置き、国内外260余の企業で構成される流通グループ。イオンモールは群馬県と栃木県で2店ずつ、茨城県で4店が設置されている。

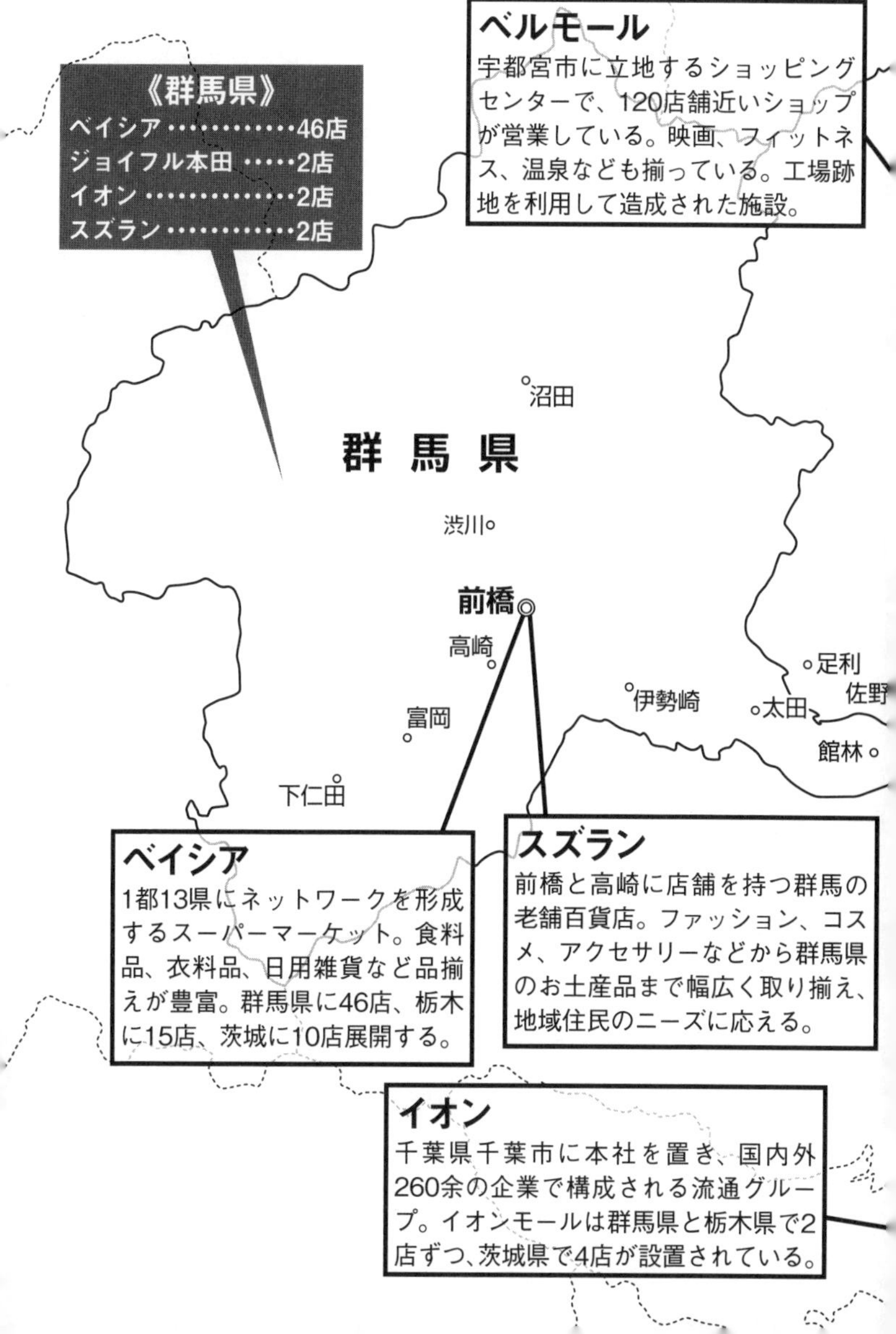

生活

ご当地ファミレスの看板メニューが地元民にこれほど愛されているワケは？

幅広い世代のニーズに応えたサービスで、客を呼び込むファミリーレストラン。そのほとんどがチェーン展開により、各地に店舗を点在させている。

北関東には、東京には一軒もないのに地元では老若男女におなじみの、ご当地ファミレスチェーンが存在する。北関東三県と埼玉県を中心に、それぞれ十店舗以上展開している「フライングガーデン」だ。一九七六（昭和五一）年にオープンしたピザとクレープの店を前身とし、現在はハンバーグなどの肉料理を提供している。

北関東の人々の胃袋をガッチリ掴んでいるのが、看板メニューの「爆弾ハンバーグ」。熱した鉄板にのせて運ばれてくるこのハンバーグ、店員が目の前で切り分けてくれるのだが、その際に油が激しくはねること、ハンバーグがふっくらとした俵型であることから「爆弾」の名前がついた。

爆弾ハンバーグの生みの親は、フライングガーデンの創業者で社長の野沢《のざわ》八千万《やじま》氏。店の看板メニューを作りたいと自ら毎日、二〇〜五〇キログラムもの肉の試作と試食を繰り

●フライングガーデン
経営：株式会社フライングガーデン
創業：1976年
本社所在地：栃木県小山市本郷町
従業員数：162名
店舗分布：群馬県11店／栃木県16店／茨城県13店（2019年4月現在、1店のみ移設のため一時閉鎖中）／埼玉県17店／千葉県4店

返し、二年八カ月もの歳月をかけて開発した。店名よりも有名といわれるほどの大ヒットメニューとなり、客の約四割がこのハンバーグを注文するというから、人気のほどが窺える。

フライングガーデンを展開する「株式会社フライングガーデン」の本社は、栃木県小山市にある。だが野沢氏は、茨城県笠間市の生まれである。そして冒頭の前身店と、一九八四（昭和五九）年にオープンした一号店の新桐生店の所在地は、群馬県桐生市。つまりフライングガーデンのルーツは、北関東三県にまたがっているのだ。そう考えると、これほど北関東で支持されるのも納得という気がしてくる。

一方、一九七五（昭和五〇）年に前身となるそば店を開店し、現在は茨城県内に二六店舗と、茨城県中心に関東で勢力を伸ばしているのが、和食レストランの「ばんどう太郎」だ。店名の由来は、利根川の別名である「坂東太郎」。関東を流域とする利根川は、関東平野（坂東）にある日本一大きい川であることから、こう呼ばれる。ばんどう太郎の創業者の青谷《あおや》洋治《ようじ》氏は幼い頃から関東平野に暮らし、家の近くを流れていた利根川をチェーン店名にしたとのゆかりがある。

それなのに、一番の人気メニューが味噌煮込みうどんと聞くと、意外な印象を受ける。

味噌煮込みうどんといえば、愛知県名古屋市の名物として有名だ。使われている八丁味噌は、愛知県岡崎市にある宮内庁御用達の製造所「カクキュー」が三年間熟成させたもの。

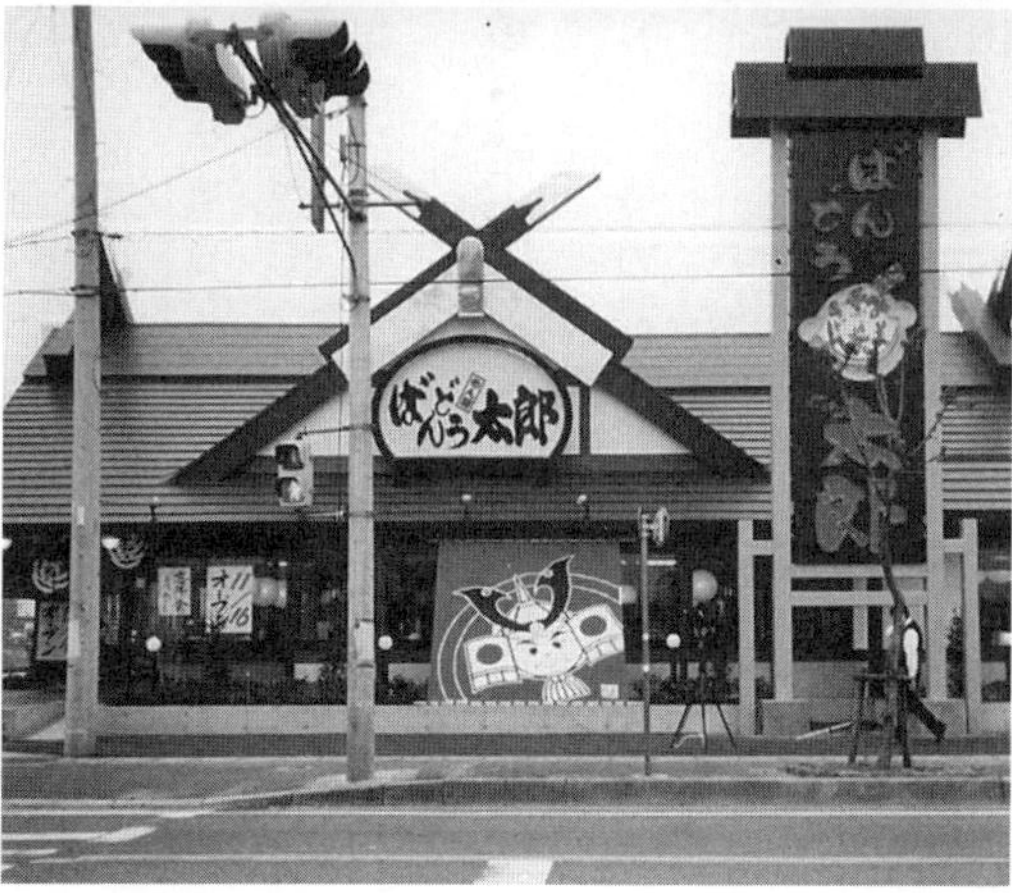

●ばんどう太郎
経営：株式会社坂東太郎
創業：1975年
本社所在地：茨城県古河市
従業員数：200名
店舗分布：群馬県1店／栃木県7店／茨城県27店／埼玉県7店
（グループ系列店は含めず）

関東の人にも受け入れられるようにと、まろやかな食べやすい味にするなどのアレンジを加えたことで、名物メニューとして人気が定着した。

メニュー全体では、茨城県産の米など、できるだけ地元産の食材を使用しているという。各店舗で毎日使うぶんだけ精米して炊いたご飯や、精米で出たぬかで漬けたお新香にも自信を持ち、店名通り豊かな関東平野がもたらす恵みを味わえるチェーンとなっている。

群馬県で愛される五〇年以上続く焼肉店

〝チョーハン〟のニックネームを持つのが、焼肉レストランの「朝鮮飯店」だ。前橋市や高崎市、伊勢崎市など群馬県南部に集中的に一六店舗を展開する、このエリアの住人なら、知らぬ人のいないメジャーなチェーンだ。

創業は一九六三（昭和三八）年。一号店は建て直されて、現在は高崎駅西口店として営業している。群馬県での肉食文化が豚肉が主流だった当時、ロースやカルビなどの牛肉をいち早く提供しはじめ、さらに県内で人気だった豚ホルモンを持ち帰り用に販売したところ、爆発的に売れ経営が軌道に乗った。

現在の人気メニューには、焼肉定番の上タン塩、カルビ、ロース、ソフトカルビ（ハラミ）に加え、豚ホルモンも含まれているところに当時の名残が見られる。牛タンは生にこだわり、カルビは大きな塊で仕入れて、店内で丁寧に処理して提供。また牛骨でとったスー

●朝鮮飯店
経営：朝鮮飯店
創業：1963年
本社所在地：群馬県高崎市日高町
店舗分布：群馬県16店／栃木県1店／埼玉県1店

プやサラダに使うドレッシングも、各店舗で作っている。全店舗で味を統一することよりも、作り手がおいしいと感じる料理を提供することを大切にしており、店によって微妙に味が違うのがまた楽しいのだ。

さらに朝鮮飯店を語る際に話題となるのが、店舗の外観の奇抜さだ。寺院を思わせる建物や、店によっては入口にトーテムポールが立つなど、無国籍で妖しいムードを漂わせている。創業者の権光守《ごんこうしゅ》氏は、アメリカの郊外型レストランの発展から、日本でも車社会が到来し、マイカー利用客向けの店舗の需要が高まることを予見。一九七二（昭和四七）年から主要道路沿いに、大型駐車場を備えた郊外型店舗を出店していった。その際、店舗のまわりにかがり火を焚く演出を行ない、客の目を楽しませると同時に、焼肉を想起させて食欲をかき立てる工夫をした。派手な外観も、そんな発想からなのだろう。

群馬県民に愛される朝鮮飯店。実は栃木県と埼玉県にも一軒ずつ展開している。隣県の方でも〝チョーハン体験〟したい人は、ぜひ地元の県の店も訪れてみては。

Chapter 2
04

伝統

ギャンブル好きや怒りっぽいなど俗にいわれる県民性は、ウソかホントか？

とかく地味で目立たないとのレッテルを貼られがちな、北関東三県。そこに暮らす人々の県民性となると、意外にも三県ともキャラクターがかなり際立っている。

群馬県はギャンブル好きだといわれている。県内にはギャンブルに関連する施設が豊富で、それがよくわかるのがJR両毛線だ。かつては沿線に桐生競艇場（みどり市）、伊勢崎オートレース場（伊勢崎市）、前橋競輪場（前橋市）、高崎競馬場（高崎市）と、四大公営ギャンブル場が勢ぞろいしたため、両毛線は「ギャンブル線」の異名を取っているほど。高崎競馬場は二〇〇四（平成一六）年に廃止されたものの、跡地は場外馬券場となっているため、今でも県内で四大公営ギャンブルが楽しめることに変わりはない。

群馬県はパチンコ機の製造も盛んで、桐生市にはかつて大手メーカーの「三共」と「平和」が本社を置き、現在もソフィア（西陣ブランドのパチンコ機を製造）の本社がある。

これらは業界で「桐生メーカー」と呼ばれ、一九八〇年代の全盛期には全国トップシェアを誇っていた。また群馬県民は、熱しやすく冷めやすいともいわれる。家電などの新製品が出ると、多少無理をしても飛びついてしまうのだそうだ。そんな県民性もギャンブルに興じる人が陥る、一時的な興奮状態と通じるところがあるのかもしれない。

群馬県にギャンブル文化が広まったのは、江戸中期のこと。養蚕や製糸業が盛んとなり、農家は米作り以外の収入が増えて比較的裕福だった。男性はその収入を、賭場に通って博打につぎ込んだ。博打で得た金で貧しい人を救済したという伝説が伝わる国定忠治《くにさだちゅうじ》も、群馬県民のギャンブラー気質から生まれたヒーローだといえよう。

博打にのめり込む男性の裏で育まれたのが、「かかあ天下」と呼ばれる女性の気質だ。養蚕、製糸、織物は女性の副業だったため、家事も家計も支える働き者の妻を、「うちのかかあは天下一」と夫が自慢し合ったことから生まれた言葉とされる。現在では夫を尻に敷くといった意味で使われるが、元来は夫が妻を賞賛する言葉だったのだ。

では現代の群馬県の女性はどんなタイプかというと、勝気な面もあるが優しくて情に篤い頑張り屋。時に男性を立て、家庭をしっかり守る。こうした性格は、熱しやすい群馬県男性とうまく釣り合うが、県外の人には気が強いと映ってしまうこともあるようだ。

生糸の輸出で日本の近代化を支え、世界文化遺産にも指定された群馬県の富岡製糸場

水戸藩士から生まれた「茨城の三ぽい」

茨城県民を表す言葉に、「怒りっぽい、飽きっぽい、忘れっぽい」をまとめた「茨城の三ぽい」というものがある。一見すると三つとも良くない傾向だが、総合すると、カッと頭に血がのぼって激昂しても根にはもたず引きずらない、ともとらえられる。こうしたカラリとした茨城県民の気質は、最初はとっつきにくくても慣れれば付き合いやすいとも思える。

茨城の三ぽいには、元になった「水戸の三ぽい」があった。「理屈っぽい、怒りっぽい、骨っぽい」という、水戸の人々を表現したものだ。

江戸時代の幕末のころ、水戸藩士には藩が形成した学問「水戸学」を究める中で、天皇を崇拝し外国勢力を撃退する尊王攘夷《そんのうじょうい》の思想が芽生えていった。そんな中で、自らの正義を貫いて主張する「水戸の三ぽい」と呼ばれる性質が強まった。その後、明治維新で茨城県が誕生すると、「茨城の三ぽい」に変わっていったといわれる。

「怒りっぽい」とされる理由には、茨城県の方言が一因との考えがある。茨城弁は敬語が少なく早口なうえ、語尾が尻上がりになり、「だっぺ」と強く締めくくる。さらに、「ごじゃっぺ」「でれすけ」といった、濁音や半濁音を使った言葉も多い。こうした特徴がなじみのない人にとってはぶっきらぼうだったり、きつく聞こえてしまうのだとか。

強烈な県民性を持つ群馬県と茨城県に挟まれ、押され気味とも感じられるのが栃木県の男性だ。栃木県の男性は、まじめ、シャイ、アピール下手、朴とつなどといわれており、本心がうまく伝えられず、初めは誤解されることが多いといわれる。しかし付き合いを深めると、良さが理解されるパターンが多いとか。栃木県出身の有名人男性には、漫才コンビのU字工事、つぶやきシロー、ガッツ石松などがいる。確かに素の持ち味を活かしたキャラであり、派手さを競う芸能界では逆にそれが目立っている印象だ。

一方、女性は対照的で、明るい、アクティブ、気さく、大雑把などとされる。有名人で

水戸藩士の気質が「水戸の三ぽい」を生んだ。水戸城跡には茨城県庁三の丸庁舎が建つ

は森三中の大島美幸、大島優子、山口智子など、同性にも人気のさばけたキャラだ。

近世以降、栃木県は農村の荒廃が進んで人口が減り、豊かさから遠ざかった時代があった。そうした生活ぶりや時代の重い空気が、男性の保守的で忍耐強い気質を、その分女性は明るさを身につけていったとされる。

さらに江戸時代には多数の藩が入り組んで、小藩に分かれていた歴史的背景（一一六ページ参照）があることから、宇都宮や那須といった各地域住民の地元への愛着は強いが、栃木県という大きなくくりとなると県民意識が薄い。そのため郷土愛が弱いといわれている。

こうした各県の歴史を知れば、三〝県〟三様の県民性があることも、合点がいくというものだ。

習慣

点呼で名前を呼ばれたら「はい元気です」小・中学校で使われている変なローカルルール

義務教育である小・中学校のルールや風習の中にも、各県独自のものが結構ある。先生から当然のこととして指導され脳に刷り込まれるため、大人になって他県の人に知らないと言われてショックを受けてしまうことも多い。北関東の三県にもそれぞれ、ユニークな学校の決まりが存在する。

始業のチャイムが鳴り、先生が教室に入って来ると、日直がかける号令は普通、「起立、礼、着席」だ。それに合わせて生徒たちは席を立ち、先生におじぎをして、また席に戻る。だが群馬県では、「起立」と「礼」の間に「注目」という、他県にはない動作がもう一つ加わり、「起立、注目、礼、着席」となる。「注目」の号令を受けたら、体を先生のいる方に軽く向けるのが決まりだ。この方が、先生への敬意がよりはっきりと示される形にはなる。「注目」の代わりに「気をつけ」と言う学校もある。

群馬県庁によると、県の教育委員会では特に号令の方法について指導はしておらず、県内にこの号令がどれだけ広まっているかも調査していないという。なぜ群馬県だけで使われ続けているのかは不明なのだとか。

栃木県では、授業開始の号令は一般的だが、続く出欠確認が独特なケースがある。先生が出欠をとる際、名前を呼ばれた生徒は「はい、元気です」や「はい、風邪ぎみです」などと、その日の自分の状態も答えるのだ。

栃木県庁の総合政策課によるとこうした出欠確認は、健康観察の一環として小学校などで行なわれているようで、方法は先生ごとに分かれるのだという。県内全域にくまなくこの出欠方法が浸透している訳ではなく、「はい、元気です」の出欠方法は、県民でも知っている人と知らない人で分かれている。しかし七六ページで触れたように、栃木県民はまじめで朴とつだといわれており、この和やかな朝の出欠風景は県民性のイメージにぴったりに思える。

茨城県民体操がラジオ体操より大事にされていた?

茨城県では中学校に入ると「茨城県民体操」を覚える。日本のほかの県と同じく、茨城県でも小学校では、体育の時間にはラジオ体操を行なうが、中学校に入学するやいなや慣れ親しんだラジオ体操から、この県民体操を行なっていたのだ。

県民体操とはその名の通り、県民の健康増進を目的に県が創作した体操のことをいう。茨城県以外にもいくつかの県に存在するが、茨城県民体操は作られたのが一九四九（昭和二四）年と、全国の県民体操の中でも古い。加えて、ラジオ体操に替えて実施されるという県民への浸透ぶりも、ほかの県民体操にはない特色となっている。

茨城県民体操には、実はラジオ体操でおなじみの動作が多数登場する。なぜこれほど似ているのか。その理由は、全国区となったラジオ体操の誕生秘話と深く関係している。

初めてラジオ体操が放送されたのは、一九二八（昭和三）年にさかのぼる。国民の健康意識を高めるため、当時の逓信省《ていしんしょう》簡易保険局が制定し、生命保険会社協会とＮＨＫの共同で全国への普及が促進された。この時に作られたラジオ体操は「初代」と呼ばれる。

だが第二次世界大戦後、ＧＨＱにより、放送に合わせて全国一斉に行なわれるさまが、軍国主義を思わせるとの理由から、ラジオ体操は禁止されてしまう。しかし関係者らがＧＨＱを説得し、再開が承認されることに。新時代に合う体操が求められ、改訂版となる「二代目」が作られたが、難易度が高いため浸透しなかった。

●茨城県民体操

順序	第一	第二	第三	第四	第五	第六	第七
運動	姿勢調整	下肢	上肢	体側	背腹	胴体	胸
種目	腕側振内回旋斜 上挙胸伸展（腕を斜めに上げ、胸を伸ばす）	腕側振脚屈伸（腕を横に振り、脚を曲げ伸ばす）	腕前側振側開（腕を横に開く）	片腕上挙体側屈（腕を上に上げ、体を横に曲げる）	腕上下振体前後屈（腕を上と下に振り、体を前後に曲げる）	腕側回旋体側転（腕を横に回し、体を横に回す）	掌反胸前後屈伸（手のひらを返し、腕を伸ばす）
図解（始めの姿勢・第一動・第二動・第三動・第四動）							
呼間	16	16	16	16	16	16	16
回数	四	八	四	二	四	四	四
方法と注意	1、腕を体前に交差し、振り上げる。 2、3、腕を振り下ろし、内に回して斜め上に振り上げ、胸を伸ばす。 4、腕を側より下ろして体前に交差し、腕を元にもどす。	1、腕を側に振り上げながら膝を曲げ伸ばす。 2、腕とかかとを下ろす（腕は体前に交差し、かかとは下ろすと同時に上げる）。	1、腕を側に開くや直ちに反動で前に戻す。 腕側開 2、同様の動作を行う。 3、腕を前より下ろし、体側を通り側に上げる。 4、腕を側より下ろし、体側を通り前に上げる。 腕前側振	1、右腕を側より上に上げ、体を左に曲げる。 2、体を起こし、右腕を側より下ろす。 3、4、同様の動作を行う。 5、左腕を側より上に上げ、体を右に曲げる。 6、体を起こし、左腕を側より下ろす。 7、8、同様の動作を行う。	1、腕を自然に下垂し、体を前下に曲げる。 2、反動を利用して再び体を前下に曲げる。 3、4、腕を上に上げ、体を後ろに曲げる。	1、両腕を左斜め後方の頭の高さに振り、体を左に回す。 2、3、両腕と体を正面にもどし、両腕は続いて下を通り、右に一回旋し、左側斜め上より下りる勢いを利用して同様の動作を行う。	1、2、手のひらを返し、胸を伸ばす（十分に吸気する）。 3、4、腕を体前に交差し、胸を軽く前に曲げる（十分に呼気する）。

茨城県教育委員会「図で見る茨城県民体操」より

そこで立ち上がったのが、体操選手としてベルリンオリンピック出場も果たした、茨城県出身の遠山《とおやま》喜一郎《きいちろう》だ。「国民の健康は国家の財産であり、体力こそ生活を支える源だ」と考える遠山氏は、ラジオ体操の復活を目指して奔走する中、「国民が自発的に行なう体操ならば、民主主義的な活動であり、GHQも規制しないはず」と、県や市の体操の制定を思い立つ。そのモデルケースとして作成したのが、茨城県民体操だった。

そして、ラジオ体操の再改定版作成の依頼を受けた遠山氏は、一九五一（昭和二六）年、現在のラジオ体操となる「三代目」を作り上げた。つまり茨城県民体操は、現在のラジオ体操の原点だったのだ。

茨城県教育庁学校教育部保健体育課によると、現在の教育現場では、体育の授業で行なう準備運動はその時の運動に合わせた内容にするよう指導方針が変わり、県民体操を実施する学校は減っているのだという。しかし郷土の偉人が、ラジオ体操復活への思いを込めて完成させた県民体操は、茨城県民にとっては誇るべき大切な存在なのである。

Chapter

3

北関東カルチャーショック！

文化の類似と差に驚き!?

Chapter 3

01

伝統

珍祭・奇祭が目白押し!? 北関東のキャラ立ち伝統祭り

古くから地域に伝わる祭りには、その地域の特性が表れているものだ。中には、ほかでは見られないちょっと変わった祭りもある。北関東の三県では、どのような祭りが行なわれているのだろうか。それぞれに共通点のあるいくつかの祭りを比べてみよう。

栃木県と茨城県に「あくたいまつり」という祭りがある。栃木県足利市のものは「悪口まつり」と書き、茨城県笠間市の方は「悪態まつり」と書く。いずれもその名の通り、「悪態」をつきまくる祭りなのだが、その内容はだいぶ異なる。

足利市の「悪口まつり」は大晦日から元日にかけて、大岩山毘沙門天で行なわれる。大晦日の夜、法螺《ほら》貝を吹く修験者に先導され、多くの人が山頂にある本堂を目指す。その際、人々は大声で悪口を言い合い、一年の鬱憤を晴らして新しい年を迎えるのだ。ただし、このとき「ぼう」のつく言葉(貧乏、泥棒など)は厳禁。あくまでも人を貶めるものではな

罵声とともに供え物を奪い合う、茨城県笠間市の「悪態まつり」。掟破りな行為は天狗に制裁される

七つの町でそれぞれ巨大な蛇を造り、担いで町を練り歩く「間々田のじゃがまいた」

く、スッキリするための「悪口」なのだ。当日には「悪口大声コンクール」という大声を競うイベントもあり、悪口を言い合いながらも、どこかほのぼのとした祭りだ。

同じ悪態をつく祭りでも、茨城県笠間市のものはもっと激しい。愛宕《あたご》神社の氏子総代十三名が白装束の天狗に扮し、愛宕神社の北側にある飯綱《いづな》神社の十三天狗を祀った祠にお供え物をしながら、愛宕山の麓から山頂まで約四キロメートルを登る。その際、天狗たちは無言で歩き続けるのだが、その後ろに続く人々は、「ばかやろう!」「しっかり歩け!」など悪態をつき、こともあろうに、天狗たちがお供えした物を奪い合うのだ。お供え物を持ち帰ると御利益があると言われており、奪う方も必死だ。

悪態は、個人を名指ししたものでなければ何を言ってもいいのだという。しかし、あまりにひどい行ないだったり、掟破りなことをしたりすると、天狗によって青竹で阻止されてしまうのだとか。

温泉地では大蛇がみこしに!!

草津温泉や伊香保温泉などの、有名な温泉地がある群馬県。こうした温泉地で行なわれる変わった祭りが、長野原町にある川原湯温泉の「湯かけ祭り」だ。毎年一月二〇日、ふんどし姿の男たちが極寒の中、紅白二組に分かれて桶に入った湯を激しくかけ合うのだ。さんざん湯をかけ合った後、紅白二組が一緒に手に持った桶を叩いてかけ声をかけ、祭りは終わるという、なんとも勇壮な祭りだ。

祭りのある川原湯温泉は、八ッ場《やんば》ダム建設によってダムの底に沈むことになり、二〇一四（平成二六）年に高台へと移転した温泉地だ。源頼朝が発見したといわれ、祭りの起源も約四〇〇年前までさかのぼるという。温泉地が高台に移転してからも湯かけ祭りは途絶えることなく、二〇一九（平成三一）年には新天地で五回目を迎えた。

同じく、群馬県沼田市の老神《おいがみ》温泉では、毎年五月の第二金曜と土曜に「大蛇まつり」が行なわれる。この祭りでは、若衆みこしと子どもみこしの渡御があるが、どちらのみこしも巨大な蛇の形をしている。若衆みこしは約三〇メートル、子どもみこしでも約二〇メートルもある。赤城神社を出た蛇のみこしは温泉街を練り歩き、店先や宿の庭に入ると、とぐろを巻いて休憩する。また、若衆みこしと子どもみこしのほかに、十二年に一度だけ登場する「大蛇みこし」もある。全長一〇八メートル、重さ約二トン、胴回り約一・三メートルと巨大だ。二〇〇名以上の担ぎ手を要する大蛇みこしは、二〇一三（平成二五）年には「最も長い祭り用の蛇」としてギネス世界記録に認定された。

また、温泉地ではないが、栃木県にも蛇の奇祭がある。「間々田《ままだ》のじゃがまいた」という祭りで、小山市の間々田八幡宮で毎年五月五日に開催される。祭りには町内の中学生たちによって造られる、七体の巨大な蛇《じゃ》が登場する。蛇といっても頭は竜、体は蛇で、その全長は約一五メートルにも及ぶ。七体の蛇は各町内を出発し、それぞれ間々田八幡宮を目指す。蛇が集まった神社では神主がお祓いをし、蛇の口にお神酒を注ぎ込む。さらに、蛇たちは弁天池に頭を差し入れられて水を飲まされ、再び町を練り歩く。こうして蛇が町を練り歩くことで、五穀豊穣や疫病退散を祈願しているのだ。

ご飯のノルマは七五杯!?

茨城県桜川市下泉・本郷地区では、とにかくご飯をいっぱい食べまくる「大飯祭り」が行なわれる。毎年十二月第二日曜日、その年の当番の人の自宅や公民館などに参加者の男性が集まり、目の前に置かれたうず高く盛られた白米をひたすら食べるのだ。「物相《もっそう》」と呼ばれるこのご飯を食べることで、その年の実りを神に感謝し、人々の健康を願う。「物相」は約八合の白米をぎゅうぎゅうに固めて、約三〇センチの高さに盛りつけている。お膳には、ご飯のほかにナマスやサンマ煮などのおかずも出てくる。

1月にふんどし姿で行なわれる「湯かけ祭り」。見物人にも容赦なく湯がかけられる

大小の蛇のみこしが温泉街を練り歩く「大蛇まつり」。巳年のみ108mの巨大大蛇も登場

あまりの量に人々の箸が進まなくなってくる頃、当番の家の家長が稲わらで作られたハチマキやたすきのような衣装をまとい、男根を模した二本の棒を持った「鹿島様」という神様に扮し、登場する。そして、大きなしゃもじでさらに参加者たちの椀に白米を盛りつけ、もっと食べろとすすめるのだ。とても珍しい祭りだが、残念ながら本郷地区は祭りが若者に継承されず、今は下泉地区だけになってしまった。

同様に、山盛りのご飯が登場する「強飯式《ごうはんしき》」という行事が、栃木県日光市の輪王寺でも行なわれる。こちらは寺の僧侶が扮した山伏が「強飯頂戴人」と呼ばれる人々に、「七五杯一粒残さず食え」などと無理強いするものだ。法螺貝の音とともに山伏たちが本堂に入って来て、祈祷を終えた後に、厳しい口調で山盛りのご飯を「強飯頂戴人」に差し出す。茨城県の「大飯祭り」とは様相が異なり、厳かな雰囲気が漂う。一二〇〇年以上続く行事で、その昔、山伏が修行から持ち帰った食べ物を分け与えたことが起源となっているという。頂戴人や参列者は難を逃れ、福を授かるといわれている。茨城県の「大飯祭り」とは、得られるご利益や起源なども違うようだ。

北関東三県で行なわれるこれらの祭りや行事は、少し違った観点から見ると共通点が見えてくる。例えば「悪態まつり」や「悪口まつり」には、怨霊や疫病を退治するなどの説があるが、昔の人は心に溜まったストレスを怨霊のように感じていたかもしれない。その鬱憤を年末に一気に吐きだしてしまえば、確かに気持ちは晴れやかになり、すがすがしい新年を迎えることができるだろう。

川原湯温泉の「湯かけ祭り」と老神温泉の「大蛇まつり」はまったく異なる内容だが、どちらも温泉地に伝わり、湯が湧いたことへの感謝を示している。そして「大飯祭り」や「強飯式」は、五穀豊穣への感謝や無病息災などを祈るために行なわれ、「間々田のじゃがまいた」もこれに含まれるだろう。五穀豊穣を感謝する神事や行事は全国的には珍しくないが、山盛りの米を大量に食べられるのは、茨城県と栃木県がどちらも米の生産量がトップテンに入る、恵まれた土地だからこそできる贅沢だ。

Chapter 3
02
魅力度

都道府県魅力度ランキングの底辺を争う北関東がランクアップするためには？

毎年一〇月になると、北関東三県の人々が一喜一憂するニュースが各地で話題になる。「都道府県魅力度ランキング」の発表だ。

都道府県魅力度ランキングとは、民間シンクタンクのブランド総合研究所が行なう「地域ブランド調査」の調査結果から作成されたランキングのこと。地域ブランド調査は全国約三万人の消費者を対象に、全国一〇〇〇の市区町村と都道府県のブランド力を問う、日本最大規模の調査だ。このランキングにおいて北関東三県は、三県揃って四〇位以下という成績を、ここ三年間続けている。

二〇一九（平成三一）年四月現在、最新の情報である二〇一八（平成三〇）年のランキングから見ていこう。群馬県は四二位。群馬県はこれまで一〇回の調査のうち、二回だけ三〇位台に食い込んだことがあるものの、ほぼ四〇位以下が定位置になっている。

●都道府県魅力度ランキング2018

順位	都道府県	点数	順位	都道府県	点数	順位	都道府県	点数
1	北海道	59.7	17	広島県	20.2	32	高知県	14.8
2	京都府	52.2	18	鹿児島県	20.1	34	香川県	14.4
3	東京都	41.9	19	青森県	19.0	34	岡山県	14.4
4	沖縄県	41.2	20	宮崎県	18.8	36	和歌山県	14.0
5	神奈川県	36.7	21	熊本県	18.7	36	山口県	14.0
6	奈良県	32.6	22	富山県	18.5	38	滋賀県	13.9
7	大阪府	31.8	23	大分県	17.9	39	福井県	13.3
8	福岡県	28.1	24	秋田県	16.9	40	岐阜県	13.0
9	長野県	26.4	25	山梨県	16.5	41	鳥取県	12.9
10	長崎県	26.3	26	岩手県	15.8	42	群馬県	11.8
11	石川県	25.7	27	福島県	15.7	43	埼玉県	11.4
12	兵庫県	24.7	27	愛媛県	15.7	44	栃木県	11.3
13	静岡県	24.3	29	三重県	15.4	44	佐賀県	11.3
14	宮城県	23.5	30	山形県	15.3	46	徳島県	9.8
15	愛知県	23.2	31	新潟県	15.2	47	茨城県	8.0
16	愛知県	21.1	32	島根県	14.8			

※「株式会社ブランド総合研究」より

●北関東三県の都道府県魅力度ランキング 10年間の推移

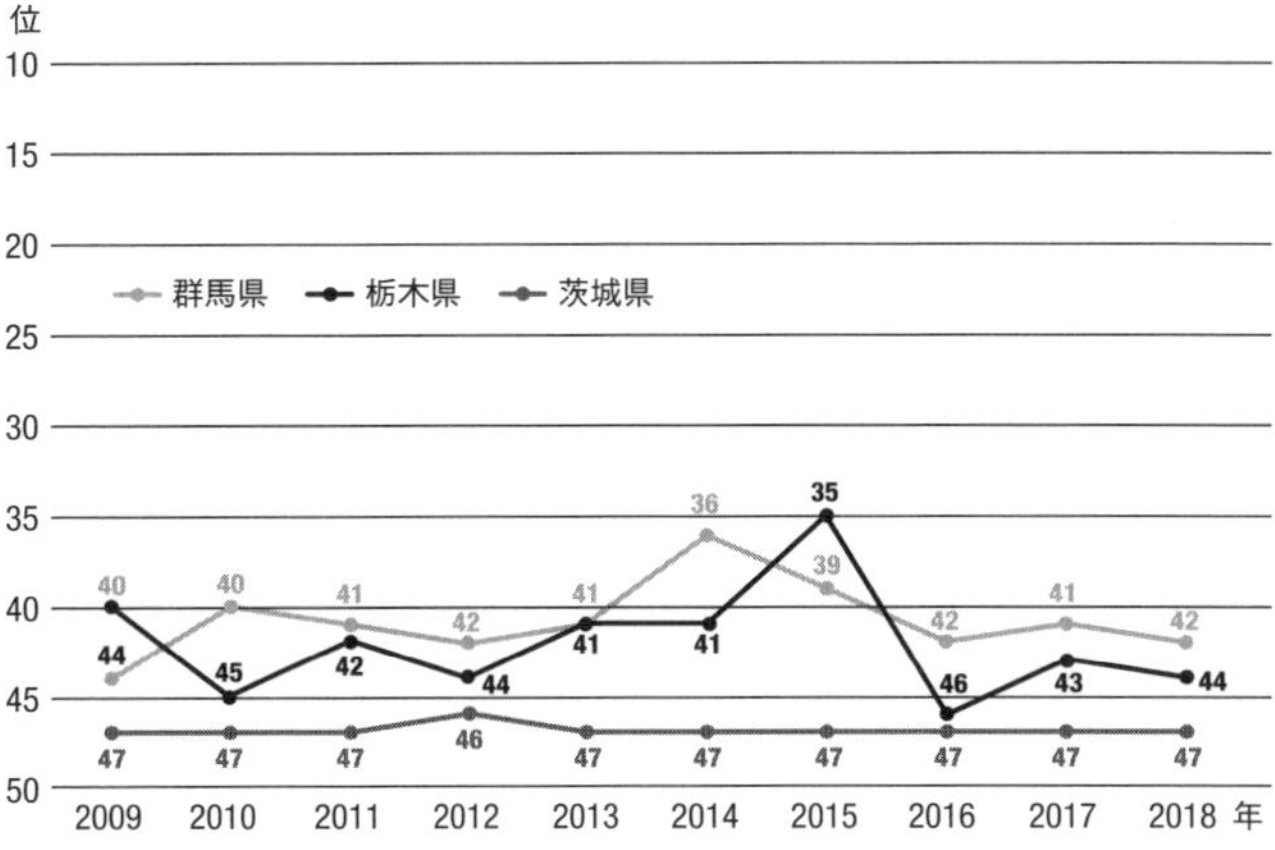

栃木県は、前年から一つ順位を下げた四四位。四〜六月にJRとタイアップして観光を促進する「デスティネーションキャンペーン（DC）」を打った直後だっただけに、この結果は残念だった。福田富一知事は「今年度はDC開催の機会を捉えた発信にも積極的に取り組んだが、魅力度順位の上昇にはつながらなかった」（産経新聞二〇一八［平成三〇］年一〇月一六日）と総括する。他の年も二〇一五（平成二七）年を除いて、四〇位以下の順位を上下している。

そして茨城県は無念の四七位。ネットでは「またか」との声が多く見られたように、茨城県は過去一〇回の調査のうち、九回が四七位。最高記録が二〇一二（平成二四）年の四六位である。この結果に対して大井川和彦知事は、「結果は真摯に受け止めるが、ランキングに一喜一憂せず、色々な施策を通して茨城の魅力を発信していく」（産経新聞二〇一八（平成三〇）年一〇月一五日）と記者団にコメントした。

群馬県と栃木県がランクアップした年は？

各県がこのような成績の中、二〇一四（平成二六）年に群馬県が三六位に浮上、二〇一五（平成二七）年には栃木県が三五位にランキングされたことがあった。これらの年に、二県ではいったい何があったのだろうか。

二〇一四（平成二六）年の群馬県で注目すべき出来事は、「富岡製糸場と絹産業遺産群」の世界遺産登録だろう。正式登録の六月二一日はちょうど、地域ブランド調査の直前のタイミングで、この登録が追い風になったことが推測できる。

栃木県では二〇一五（平成二七）年、徳川家康の四〇〇回忌に合わせた「日光東照宮四〇〇年式年大祭」が行なわれ、メディアに露出する機会が増えた。こらが順位が上がった一因と、ブランド総合研究所の田中章雄社長は指摘している。四〇〇年式年大祭のトピックスは、下野《しもつけ》新聞の「二〇一五（平成二七）年の読者が選ぶ一〇大ニュース」でも一位となった。

しかしこれらはあくまで一時的なことであって、両県とも翌年以降は順位を落としている。二〇一五（平成二七）年には群馬県が前年から三ランクダウンの三九位、二〇一六（平成二八）年には四二位と、世界遺産の登録前と同水準の順位に戻った。世界遺産を県のブランド力につなげられていないところが、少々もったいない。栃木県は翌二〇一六（平成二八）年には、過去最低の四六位まで順位を落としている。一過性の話題だけでは、ブランド力にはつながりにくいということだろうか。

ランキングアップへのキーポイント

このランキングの過去一〇年を見直してみると、一位の北海道と二位の京都は一〇年間不動。東京は三位か四位で、それ以下は沖縄、神奈川、奈良、大阪などが、多少の順位の変動はありつつもほぼ固定している。また四〇位以下も北関東のほかに、鳥取県や佐賀県、徳島県、埼玉県などが加わるぐらいでほぼ変わらない。そのほかの県は二〇位〜三〇位台を上下するという傾向が見られる。つまりこのランキングは、魅力度の高い・低いとのイメージが固定された県がランキングの上位と下位を占め、イメージが固まっていない県が話題性やメディア露出度によって上下に変動する、という傾向があるようだ。北関東三県はここ数年のランキング、およびメディアの扱いのおかげで、「魅力度が低い」とのイメージが固定されてしまっているのかもしれない。

前出の田中章雄社長は、産経新聞のインタビュー（二〇一八〔平成三〇〕年一月一日）で、「魅力度ランキングを上げるには、『茨城と言えば？』と聞かれたときに、全員が同じ回答をするような『統一イメージ』を作るべき」と述べている。北関東三県の魅力度向上で求められるのは、県民の誰もが即座に言える、ブランドイメージの強化ではなかろうか。

Chapter 3 03

スポーツ

実は高いポテンシャルを秘めているかも？北関東で一番のスポーツが盛んな県はどこ？

二〇〇〇年代に入ってからの、夏の甲子園（全国高等学校野球選手権大会）の結果と成績を見ると、高校野球における北関東勢の活躍ぶりが窺い知れる。二〇〇三（平成一五）年には常総学院《じょうそう》（茨城県）、二〇一三（平成二五）年には前橋育英《いくえい》（群馬県）、二〇一六（平成二八）年には作新学院《さくしん》（栃木県）、三県の高校が、それぞれ全国優勝を果たしている。また過去に遡ってみると、三県とも二回ずつ優勝を経験している。

また北関東三県はそれぞれ、独立リーグ「ルートインBCリーグ」の球団も擁している。二〇〇八（平成二〇）年から参加している「群馬ダイヤモンドペガサス」は、二〇一六（平成二八）年シーズンから二〇一八（平成三〇）年シーズンまで、東地区の前期・後期ともに一位。二〇一八年シーズンには、BCリーグチャンピオンとグランドチャンピオンに輝いている。「栃木ゴールデンブレーブス」は二〇一七（平成二九）年からBCリーグに所属し、最初のシーズンは残念ながら最下位に終わった。しかし二〇一八（平成三〇）年の後期は三位に浮上し、これから躍進していく兆しが見えてきた。

「茨城アストロプラネッツ」は二〇一七（平成二九）年に創設された新しい球団で、二〇一九年（平成三一年・令和元年）からBCリーグへ新規参入したばかり。シーズン開幕後も新しい入団選手を迎え入れ、チーム強化に力を入れている。開幕前には小学生を対象に野球教室を開催したり、県内の市町村を表敬訪問するなどし、これから地元で愛されるチームに成長していくことだろう。

サッカーや野球の盛り上がりは？

野球は三県ともそれぞれ盛り上がっているようだが、サッカーとなると県ごとに実力差が見られる。北関東でサッカーが盛んな県といえば、多くの人が茨城県を思い浮かべるはず。「鹿島アントラーズ」は、国内サッカーの三大タイトル（J1リーグ、ナビスコカップ、天皇杯）で史上最多の一九冠。二〇一八年（平成三〇年）のACL（アジア・チャンピオンズリーグ）で初優勝を果たし、通算タイトル二〇冠を達成した。加えて、J2リーグの「水戸ホーリーホック」という二つのチームを擁する茨城県は、栃木県や群馬県と比べて

鹿島アントラーズの本拠地「カシマスタジアム」は茨城県沿岸部の鹿嶋市に位置
（写真提供：@KASHIMA ANTLERS）

冬季五輪4大会出場の荻原健司を輩出するなど群馬県には多くのスキー場が点在

サッカー人気が高い県といえる。

群馬県には「ザスパクサツ群馬」（J3）、栃木県には「栃木SC」（J2）というプロサッカーチームはあるものの、どちらもJ1昇格の経験がないためか、全国的な知名度は低い。ザスパクサツ群馬の前身となる「ザスパ草津」は、日本三名泉の一つに数えられる草津温泉発祥のチーム。発足当時、選手は宿泊施設などで働きながらチームに参加していたことが話題となった。「スパ」は英語で温泉を意味し、チーム名そのものが草津温泉を表している。発祥地の草津温泉はもとより、県民に広く愛されているチームなのだ。

「栃木SC」は二〇一五（平成二七）年にJ2からJ3に降格する苦渋を味わったが、二〇一八（平成三〇）年に再びJ2に復帰した。しかしリーグ順位は一七位と、さらなるチーム強化が求められる。

Jリーグでの活躍は茨城県が突出しているが、アマチュアサッカーとなると群馬県や栃木県だって熱い。毎年正月に開催される「全国高等学校サッカー選手権」の最近の成績では、近年は茨城県のチームよりも群馬県・栃木県勢のほうが活躍しているのが分かる。特に群馬県の前橋育英高校は、二〇一四（平成二六）年と二〇一六（平成二八）年は準優勝、二〇一七（平成二九）年には優勝を果たし、今や北関東を代表する強豪校として高校サッカー界を牽引する立場にある。

栃木県勢もこのところ頑張っている。一九七八（昭和五三）年と一九八〇（昭和五五）年に優勝したかつての古河第一高校には及ばないものの、二〇一六（平成二八）年には佐野日本大学高校、二〇一七（平成二九）年には矢板中央高校がベスト四に進出している。一方で茨城県勢は、二〇〇八（平成二〇）年に鹿島学園高校がベスト四になって以降、目立った活躍はない。

バスケットボールにも、目を向けてみよう。「群馬クレインサンダーズ」、「栃木ブレックス」、「サイバーダイン茨城ロボッツ」と、三県それぞれBリーグのプロチームを擁している。中でも注目は、栃木県の「栃木ブレックス」。日本人初のNBAプレーヤー田臥勇太《たぶせゆうた》選手が所属していて、二〇一六（平成二八）年～二〇一七（平成二九）年シーズンにBリーグ初代チャンピオンに輝いている。

オリンピックのメダリストも多く輩出している

北関東エリアは野球、サッカー、バスケット以外のスポーツも盛んで、これまでも数多くのオリンピックメダリストを輩出している。二〇二〇（令和二）年には東京オリンピックが開催されるとあって、北関東出身のアスリートたちの活躍に地元からの期待が集まっている。

二〇一六（平成二八）年のリオデジャネイロオリンピックで活躍した選手として、競泳男子四〇〇メートル個人メドレーで金メダルに輝いた萩野《はぎの》公介《こうすけ》、柔道男子で銅メダルを取った加藤直寿《かとうなおひさ》、海老沼匡《えびぬままさし》が栃木県出身。体操団体総合で金メダルを取った山室光史《やまむろこうじ》、卓球男子団体で銀メダルを取った吉村真晴《まはる》は茨城県出身だ。

冬季オリンピックとなると俄然、群馬県勢の活躍が目をひく。県の北部は積雪が多く、古くからスキーやスケートなどのウインタースポーツが盛んに行なわれている。これまでもスピードスケートの黒岩彰《あきら》がカルガリーオリンピック銅メダル、ノルディックスキー複合団体の荻原健司がアルベールビルおよびリレハンメルオリンピック金メダル。また荻原健司の双子の弟・次晴《つぎはる》も、スキーノルディック複合の選手として冬季オリンピックの出場経験があり、引退後はスポーツキャスターとして活躍。群馬県はウインタースポーツにおいては、他の二県から抜きん出て有名選手を多く輩出しているのだ。

●北関東三県の主なスポーツチーム（※成績等は2019年5月現在）

茨城県

チーム（種目）	特徴
鹿島アントラーズ（サッカー）	「カシマサッカースタジアム」をホームグラウンドに、J1で活躍する国内トップクラスのクラブチーム。
水戸ホーリーホック（サッカー）	J2所属。ホームは「ケーズデンキスタジアム」。別団体とのコラボレーションも頻繁に企画。
茨城アストロプラネッツ（野球）	2017年に創設された新しい球団で、2019年よりBCリーグへ新規参入。
サイバーダイン茨城ロボッツ（バスケットボール）	つくば市と水戸市を中心に活動。2016-17年レギュラーシーズンでB2イースタンリーグ2位。
日立ハイテククーガーズ（バスケットボール）	1961年発足の老舗チーム。日本女子実業団トップリーグのWリーグ（バスケットボール女子日本リーグ）に参戦。
つくばユナイテッドSun GAIA（バレーボール）	つくば市に本拠地。VチャレンジリーグⅠに参戦。2011年にチャレンジリーグ優勝も経験。

栃木県

チーム（種目）	特徴
栃木サッカークラブ（サッカー）	J2リーグ。宇都宮市の「栃木県グリーンスタジアム」がホーム。試合では県民が「県民の歌」を歌う。
栃木シティフットボールクラブ（サッカー）	関東1部リーグ。栃木市に本拠地に、関東サッカーリーグ1部に所属。Jリーグクラブ昇進を目指す。
栃木ゴールデンブレーブス（野球）	2017年からプロ野球独立リーグ「ルートインBCリーグ」に参入。
リンク栃木ブレックス（バスケットボール）	日本人初となるNBA選手、田臥勇太選手ほか日本代表選手が活躍。B1リーグ・1部東地区。
H.C.栃木日光アイスバックス（アイスホッケー）	ホームアリーナの「栃木県立日光霧降アイスアリーナ」の観客数はリーグトップ。アジアリーグに所属。
宇都宮ブリッツェン（サイクルロードレース）	シリーズ戦のJプロツアー、UCI（国際自転車連合公認）レースが主戦場。地域密着型のプロチーム。
那須ブラーゼン（サイクルロードレース）	国内最高峰のJプロツアーに所属。自転車を通じて本拠地である那須エリアの地域振興にも取り組む。
ル・ボーセ モータースポーツ（モータースポーツ）	サーキットがある茂木町を拠点に国内のスーパー耐久レースに参戦。ドライバーの育成も行っている。

群馬県

チーム（種目）	特徴
ザスパクサツ群馬（サッカー）	草津市にリエゾン草津として発足し、ザスパ草津にチーム名を変更。2013年に現チーム名に。2018年からJ3所属。
群馬ダイヤモンドペガサス（野球）	ペガサス（天馬）は群馬の「馬」を象徴。2008シーズンからルートインBCリーグに参加。
群馬クレインサンダーズ（バスケットボール）	クレインは鶴、サンダーは雷と群馬県を象徴するチーム名。2016-17年シーズンからBリーグ2部に参入。

Chapter 3
04
文化

同じ北関東でもこんなに違ったり似ていたり群馬県・栃木県・茨城県それぞれの方言

北関東の方言は似ているように思えるが、意外とそれぞれが特徴的だ。三県の方言のタイプについて、触れてみよう。

群馬県の方言は、「西関東方言」に分類される。これは神奈川県や埼玉県などと同じタイプで、標準語に近い方言となる。そして栃木県と茨城県はともに「東関東方言」タイプで、標準語とはだいぶ異なる言葉になる。またこれら二県は福島県などと接していることから、東北の方言も混ざっているともいわれている。しかし栃木県の足利市を中心とした足利地方は、位置的にも文化的にも群馬県寄りになっていて、方言も群馬県と同様に西関東方言タイプ。そのため、「足利弁」といわれ、栃木弁とは区別されている。

現代ではテレビなど様々なメディアで標準語に触れる機会が多いため、若者は訛りが少なくなってきているとの話もある。特に群馬県はもともと標準語に近い方言を話すため、訛りに気づかないことも多いのだとか。とはいえやはり古くから地域に根づいてきた言語。話の端々に特徴的な方言が混じってくるものだ。

各県の方言のポイントはここ！

まずは言葉のアクセントについて。群馬県は言葉のアクセントは標準語と大差がないが、一部の名詞に限っては特徴的なアクセントがある。よく例に出されるのが「いちご」。標準語では頭側が抑えられているが、群馬県では頭側にアクセントがくる。同様に、「電車」「あくび」なども、アクセントが頭側にくる。不思議なのは群馬県の地名である「前橋」だ。一般的には「え」にアクセントがくるのだが、群馬県の人々は二文字目以降が下がらない平板型のアクセントで呼ぶのだ。

これに対して栃木県と茨城県は、アクセントの無い方言だとされている。アクセントがつかないため、特に同音異義語の区別がつきづらい。例えば「橋・箸」、「柿・牡蠣」、「着る・切る」などだ。標準語ならば言葉の頭か後ろにアクセントがついて、どちらの言葉を指しているか判断できる。栃木県や茨城県の方言ではそれが難しく、前後の文脈から言葉を判断していくことになる。

語尾については三県とも、比較的近いものが使用されていることがわかる。群馬県は「べぇ」、栃木県は「べ・ぺ」、茨城県は「べ・っぺ」とつけることが多い。特に栃木県は語尾を尻上がりで伸ばす特徴があるので「べ」ではあるが、耳で聞くと「べぇ〜」と群馬県の語尾に近くなる。群馬県前橋市ではこの特徴的な語尾が、「前橋まつり」で行なわれる「前橋だんべぇ踊り」の名前にまでなっている。

実は三県共通の言葉が結構ある？

三県に共通している言葉も少なからずある。特に動詞にいくつか見られる。例えば「歩いて」を、群馬県・栃木県・茨城県では「あるって」という。ほかにも、「来る」の否定形の「来ない」が、標準語なら「こない」と言うところを三県では「きない」と読む。これらは地元の人たちでも方言と気づいていないことが多く、標準語圏の人と話しているときに指摘されて初めて、方言だと知るケースも多いのだとか。

また、「かき混ぜる」という言葉は群馬県と栃木県では「かんます」、茨城県では「かんまーす」と、多少の違いはあるが元は同じ言葉から発生したであろうと推測できる。

「大丈夫？」と人に尋ねるところを、「だいじ？」と言うのも三県共通のようだ。西関東方言と東関東方言という異なるタイプの方言に属しながらも、地理的に近く関係性の深い三県では共通してくる言葉が多いようだ。

元の言葉から訛ってできた地名

現在の県名や地名にも、もともとあった言葉から訛ってできたものがある。

群馬県では古くは「車評《くるまのこおり》」と呼ばれていた地域があり（評は郡の意味）、やがてそれに「群馬郡《くるま》」という文字があてられるようになった。「くるま」の読みが次第に訛って「ぐんま」となり、一八七一（明治四）年の廃藩置県で新たに県が設置される際に「群馬県《ぐんま》」という読みで使われるようになったのだ。

また、「栃木県」は、現在の栃木市内にあった神明宮という神社が、屋根にある千木《ちぎ》や鰹木《かつお》という飾りが十本に見えたことから「十千木《とおちぎ》」、または、たくさん生えている「栃の木」から名づけられたなどの諸説があり、そこから訛って「とちぎ」になったとされている。

有名な鬼怒川《きぬがわ》の語源は、「鬼が怒っているように荒れることがあるから」という説があるが、古くは栃木県・群馬県が「毛野国《けぬのくに》」と呼ばれていたことから「毛野川」と名づけられ、それが訛って「きぬがわ」になったという説もある。

このような長い月日をかけて呼ばれているうちに、変化してしまった地名は多々あるのだが、なぜか古くから変わっていないのに誤って呼ばれてしまう地名が北関東にはある。それは「茨城県」だ。

本来、茨城県は「いばらき」と読むのが正しいのだが、「いばらぎ」と「き」が濁って間違われることが多い。それも間違うのは県外の人がほとんどだ。

実は茨城県の方言の特徴として、カ行・タ行が語尾や言葉の真ん中にくると、濁音に変化してしまうというものがある。例えば、「頭」は「あだま」、「水戸」は「みど」のように発音されてしまう。同様に「茨城」も、県民が発音すると「いばらぎ」に聞こえてしまうのだ。そう聞こえた県外の人たちが、「茨城県」を「いばらぎけん」と勘違いするのもわからなくもない。茨城県民はそうとは思わず「いばらき」と自信をもって発音しているので、県外の人たちはその点を配慮しながら聞きとってみよう。

●北関東の方言の一例

三県共通

方言	意味	例
あるって	歩いて	あるって行ぐ
きない	来ない	○○さんはきないの?
いきあう	出あう	先生といきあう
だいじ	大丈夫	ケガはだいじ?
かんます	かき混ぜる	お風呂かんましといて
れですけ	だらしない	このでれすけが！
ごじゃっぺ	いいかげん	何ごじゃっぺ言ってんだ?

茨城県

方言	意味
いがっぺ	いいでしょう
あんめえ	ない、あるまい
～ぺ	～でしょう
しみじみ	真面目に・真剣に
～さ	～へ

栃木県

方言	意味
ぶすくれる	ふてくされる
いじゃける	イライラする
らいさま	雷
めっけ	見つける

群馬県

方言	意味
～だいね・～だんべぇ	～だよね
てんで	とても
～なんさぁ・～なん?	～なんだよ・～なの?
まっと	もっと

ロードサイドの立て看板にも、
ご当地なまりが使用されて
いることも

Chapter 3

05

文化

あふれ出る地元への愛を歌いあげる！ご当地ソングの頂点ともいえる県民歌

各県の地名や風習、景色などを盛り込んだご当地ソングは、歌謡曲や演歌、民謡、ポップスなど様々なジャンルで歌われているが、その最たるものが自治体で作られた「県民歌」だろう。学生の頃に学校行事や式典などで、校歌とともに歌った思い出のある人は少なくはないのでは。

栃木県の「県民の歌」の県民への浸透度は、全国でも一、二位を争うほどだといわれている。栃木県のＨＰでは、演奏データのダウンロードが可能となっている。しかも「カラオケバージョン」「ポップスバージョン」「管弦楽バージョン」「ピアノバージョン」「オルゴールバージョン」が揃い、さらに携帯電話用の着うた・着メロも用意するという充実ぶりだ。ダウンロード数は二〇一八（平成三〇）年六月で約二万件以上（栃木県広報課）。

さらには二〇一四（平成二六）年三月より、通信カラオケで全国配信が開始、二〇一七（平成二九）年九月からはデジタル配信も行なわれている。

なぜここまで、栃木県で「県民の歌」が浸透しているのだろうか。この歌が誕生したのは、一九六二（昭和三七）年。県内在住者や県出身者から公募し、足尾町と足利市出身の二名のプロの音楽家のものが選ばれた。一九八八（昭和六三）年から、メンバーの榊原《さかきばら》広子《ひろこ》が栃木県出身で、当時人気だったフォークデュオの「ダ・カーポ」が歌った音源が登場した。現在デジタル配信されているのもダ・カーポバージョンで、親しみやすさが増した一因とも考えられる。

プロサッカーリーグJ2の栃木SCの試合では、試合前とホームで勝利した際にサポーターが「県民の歌」を合唱する。またプロバスケットボールチームの栃木ブレックスの試合前にも、ファンによって合唱が行なわれる。スポーツ応援を通して心を一つにする際に「県民の歌」を歌えば、より地元の人たちに愛着が湧くのだろう。二〇一八（平成三〇）年には期間限定で、JR宇都宮駅の五・七～一〇番ホームの発車メロディーにもなっている。

代替わりする県民歌

「群馬県の歌」は県の行事や式典で演奏されるほか、県庁の始業時の庁内放送、群馬テレビの毎朝の放送開始時、夜の放送終了時に流れる。しかし普段から耳にする機会が多いわけではなく、浸透度は栃木県ほど高くはない。

実は現在歌われている「群馬県の歌」は、三代目にあたる。群馬県では戦前、戦後に二度、県民歌が作られている。初代は一九三六（昭和一一）年、群馬県音楽協会によって作られた。しかし文語体で歌詞が難しく、戦前の国粋主義色が強くて戦後の風潮に合わなかったことから、次第に歌われなくなっていったようだ。

二代目の「群馬県の歌」が誕生したのは、一九五一（昭和二六）年のこと。戦後の復興が進む中、県教育委員会と上毛新聞社が共同で詞と曲の公募を行なった。歌詞は入選作がなかったため、選考委員の一人で前橋市出身の詩人・高橋元吉が作詞している。

そして一九六八（昭和四三）年に、現在の「群馬県の歌」が誕生する。「明治百年記念事業」の一環として県民から公募し、当時の桐生市の教育委員会社会教育課課長だった高《たか》草木《くさき》昭允《てるちか》の歌詞が選ばれ、作曲家の服部良一に曲は委託された。三代目の「群馬県の歌」は、県民がみんなで愛唱できるように制作されたという。代替わりして三代目まである県民歌は、全国でも非常に珍しい。

このように、県民歌は公募によって詞や曲が決まるものが多い。「茨城県民の歌」も四四七編の詞と一〇一編の曲の中から選ばれ、一九六三（昭和三八）年三月に発表された。この県民歌は五〇年以上にわたって県民に親しまれてきたが、一時、〝歌いづらい〟と問題視されたことがある。

この歌の三番の冒頭に、「世紀をひらく原子の火」という歌詞がある。「茨城県民の歌」が誕生する六年前に、茨城県東海村の日本原子力研究所（現・日本原子力研究開発機構）が、核分裂を連続させる「臨界」を国内で初めて成功させている。原子力という当時としては新たなエネルギーへの希望が込められた歌詞だったが、二〇一一（平成二三）年三月の東日本大震災と、それに伴う福島第一原子力発電所の事故により、この歌詞に否定的な意見が出てきてしまったのだ。

しかし長年、茨城の人々に愛されてきた「茨城県民の歌」は歌詞を変更することなく、今も歌い続けられている。

これぞまさに「お国自慢」な歌詞の数々

県民歌の歌詞には、地域の美しい景色だけでなく、産業なども含めた「国の誉れ」が歌われている。いわば、県民が歌える「お国自慢大会」だ。

三県の県民歌の一番の歌詞には、いずれも県を代表する名峰の名前が登場する。群馬県は赤城山、茨城県は筑波山、栃木県は男体山。そして栃木県はさらに「日の光」つまり日光の名前が出てくる。

二番には土地を潤す水の恵みである鬼怒川（栃木県）と利根川（群馬県）が歌詞に盛り込まれ、唯一海がある茨城県は「ゆたかなみのり海の幸」と歌われている。さらに茨城県は「梅のほまれ」という歌詞で偕楽園を、「鹿島灘《かしまなだ》」という歌詞で一大工業地域として発展している鹿島港のことを自慢しているのだ。

故郷の誇りを歌うからこそ愛される県民歌。だからこそ、時代による変遷があろうとも変わらず人々に歌い続けられているのだ。

Chapter

4

地域史から見えてくる北関東のルーツ

歴史

三県の県域はいつどのようにしてできた？ 廃藩置県の時代から平成の大合併まで

現代の群馬県・栃木県・茨城県の原型は、明治初期の廃藩置県で作られた。廃藩置県が実施されたのは、一八七一（明治四）年のこと。しかし廃藩置県後すぐに現在の区割りになったわけではなく、複雑な経緯をたどって今日に至っている。北関東三県の成り立ちをたどると、各県の成立は一筋縄ではいかなかったことがわかる。

三県のうち、群馬県と栃木県はとくに関わり合いが深い。廃藩置県に先立つ一八六八（慶応四）年、政府は上野国《こうずけのくに》（現在の群馬県）と武蔵国《むさしのくに》（現在の東京都、埼玉県、神奈川県北東部）の北部を支配するため、現在の群馬県高崎市に岩鼻県《いわはな》を設置した。これが群馬県の基礎となる。さらに一八六九（明治二）年には、岩鼻県が吉井藩を併合。続いて廃藩置県で前橋藩、高崎藩、沼田藩、安中藩《あんなか》、伊勢崎藩、小幡藩、七日市藩《なのかいち》、館林藩《たてばやし》がそれぞれ県となり、旧上野国には計九つの県が入り乱れる形になった。

その後、館林県を除く各県が統合されて、一八七一（明治四）年に群馬県（第一次）が成立する。館林県が除かれたのは、渡良瀬川を挟んだ下野国《しもつけのくに》（現在の栃木県）とのつながりが深いことが考慮されたといわれる。館林県の県域だった新田・山田・邑楽《おうら》の三郡は栃木県に属することになるのだが、群馬県が成立した時点ではまだ栃木県が誕生しておらず、この三郡は暫定的に群馬県が管轄し、一八七三（明治六）年の栃木県の成立を待ってから管轄が移された。

ようやく誕生した群馬県だったが、統括する県令が現在の埼玉県川越を母体とする入間《いるま》県と兼ねられたため、一八七三（明治六）年に入間県に群馬県が統合されて熊谷県になった。実は、ここで群馬県は一度消滅していたのだ。しかし、熊谷県では旧県同士の対立など不都合が生じ、一八七六（明治九）年に再分割されることになった。同時に栃木県から新田・山田・邑楽の三郡が復帰して、現在の群馬県（第二次）がほぼ確定したのである。

一方、一時は群馬県から三郡を譲り受けた栃木県も、県の成立までは紆余曲折を経ていた。現在の栃木県に当たる下野国は、一八六八（慶応四）年に芳賀《はが》・河内《かわち》・都賀《つが》・塩谷《しおや》・那須が政府に接収され、真岡《もおか》県となる。県庁に定められたのは現在の宇都宮市で、庁舎は宇都宮城だった。翌年には日光の神領などを含めた日光県が誕生し、真岡県を併合した。

●廃藩置県以降の関東地方・都道府県変遷

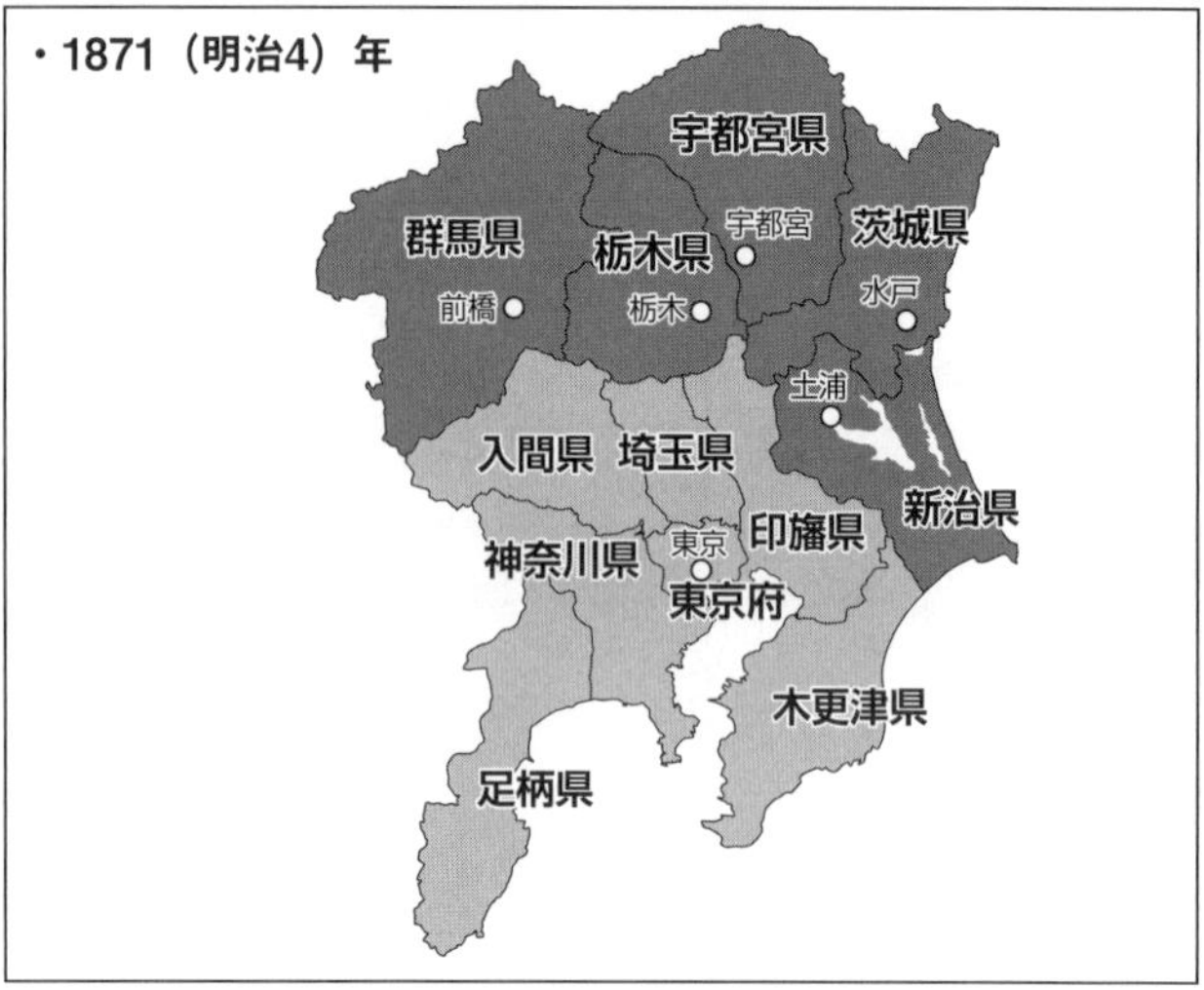

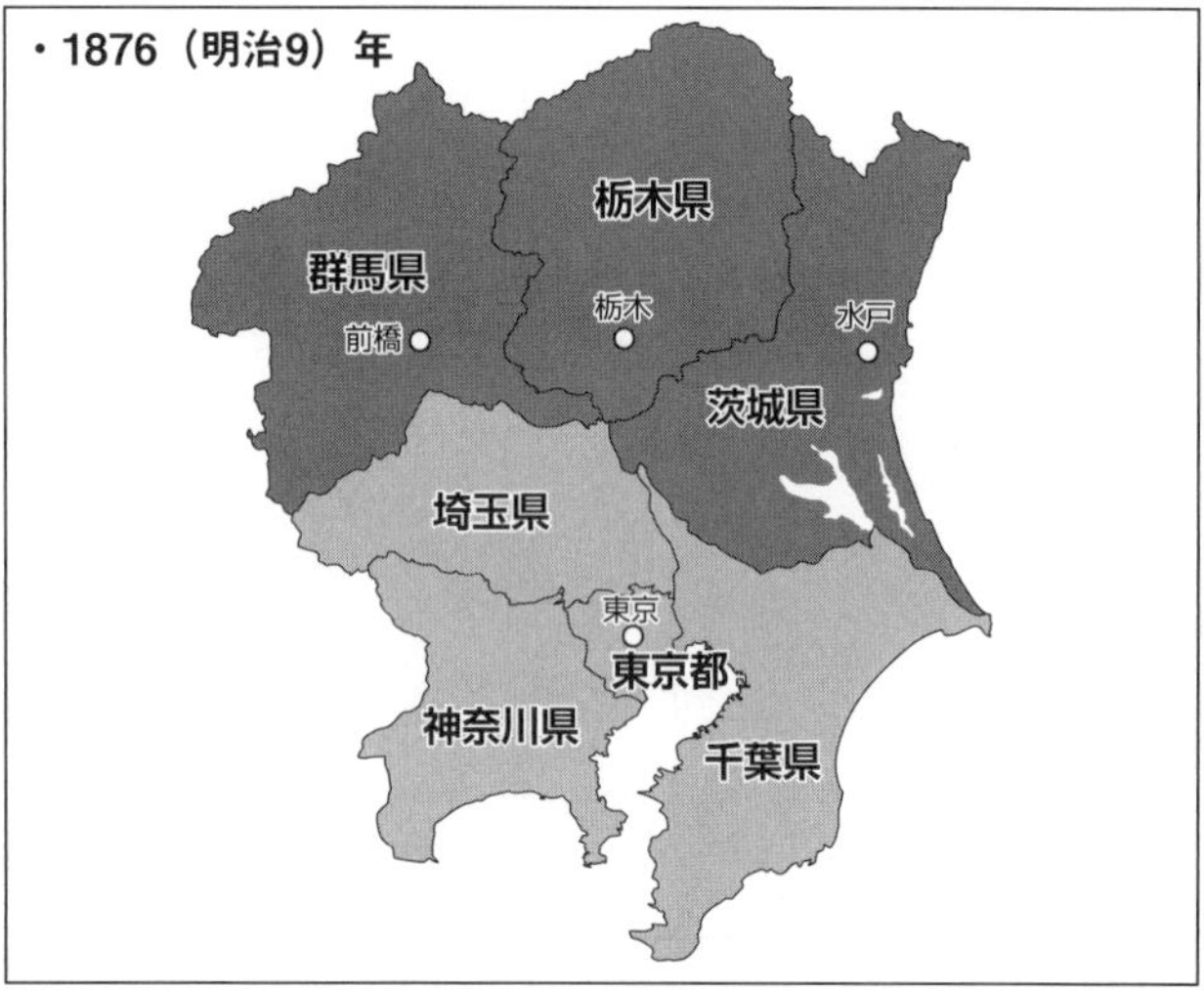

さらに廃藩置県によって、かつての下野国の範囲に十一もの県が置かれる事態となり、整理統合する必要性が出てきた。そこで日光・壬生《みぶ》・吹上《ふきあげ》・佐野・足利・館林などが栃木県と定められ、宇都宮・烏山《からすやま》・黒羽《くろばね》・大田原《おおたわら》・茂木《もてぎ》などは宇都宮県となり、大きく二つの県となる。そして、一八七三（明治六）年に両県が合併し、栃木県が誕生したのである。その後、旧館林県である新田・山田・邑楽の三郡が群馬県に編入し、昭和になると足利郡菱《ひし》村が群馬県桐生市に越境合併、安蘇《あそ》郡田沼町の一部がやはり桐生市に越境合併し、現在の栃木県が形成されたのだ。

旧御三家のお膝元は内政に悪戦苦闘

県の成立において群馬県・栃木県との関わりは薄く、千葉県と県域にまつわるやり取りが多かったのが茨城県だ。廃藩置県により全部で十五の県が誕生したため、同年には統合が行なわれる。水戸県・松岡県・宍戸《ししど》県・下妻県・下館県・若森県の一部が統合され、北部に茨城県が誕生。松川県・石岡県・土浦県・志筑《しづく》県・麻生《あそう》県・牛久《うしく》県・龍ヶ崎県・若森県の一部と、後に千葉県となる多古《たこ》県、小見川《おみがわ》県、高岡県などが統合されて南部に新治《にいはり》県が生まれた。さらに西部には、結城県・古河《こが》県・若森県の一部と後に千葉県となる複数の県が統合されて印旛《いんば》県が置かれた。

この新三県のうち印旛県は、一八七三（明治六）年に木更津《きさらづ》県と合併して千葉県になる。さらに、一八七五（明治八）年には新治県が廃止されて、利根川を境に茨城県と千葉県に分割された。これに伴い分割地以外にも千葉県から猿島、結城、岡田、豊田、葛飾、相馬が茨城県に編入され、茨城県の県域が確定した。

比較的スムーズに県域が形成されたように見える茨城県だが、実は〝難治の県〟として有名だった。というのも茨城県の一部になる水戸藩では、藩内が「天狗党」と呼ばれる急進派と「諸生党」と呼ばれる保守派が、激しい抗争を繰り返していた。明治に入ってからも二大勢力の争いは続いていたことから、そう呼ばれるようになったのである。北部茨城県の時代には旧水戸城の放火事件が発生し、現在に近い県域が確定した一八七六（明治九）年になってからも農民層が大規模な一揆を起こし、死者も出るような大事件に発展している。県域は整っても、政治の面では治めるのが非常に困難な状況が長く続いたのである。

平成の大合併で世にも奇妙な飛び地が出現

明治維新に始まる激動の時期を経て県域が確定した各県ではあるが、各県内の市町村は合併などにより、今も変化が目覚ましい。その中で、同じ市町村でありながら、主体となる地域から切り離された〝飛び地〟も現れている。

　北関東の中で特徴的な飛び地は、群馬県桐生市だ。平成の大合併により従来の桐生市に加え、西側にある新里《にいさと》地区と黒保根《くろほね》地区を加えたのだが、従来の市域と西側の二地区の間をみどり市が貫く形になっている。なぜこのような不思議な形状になったかというと、同時期の合併問題で旧桐生市の西側に位置していた大間々《おおまま》町、笠懸《かさかけ》町、東《あずま》村がみどり市との合併を選んだから。関連する自治体の運営事情が複雑に絡み合った結果、桐生市がみどり市にかじりついているような形になったのだ。

Chapter 4 02

政治

ぜひともわが県を日本の中枢に！幻となった首都機能移転に代わる新たな野望

一九九〇年代、首都機能移転議論が盛り上がった。東京一極集中の是正と災害対応力の強化を目的にとした首都機能移転議論は、バブル期の東京の土地価格高騰を受けて本格化した。一九九〇（平成二）年に衆参両院が国会移転を決議。一九九六（平成八）年には移転先の選定を明記した国会等移転法が成立した。

候補地には宮城地域、福島地域、栃木地域、栃木・福島地域、茨城地域、岐阜・愛知地域、静岡・愛知地域、三重地域、畿央地域、三重・畿央地域の一〇地域が上がった。一九九九（平成一一）年には候補地を絞り込むために、「大規模災害への対応力」や「全国からのアクセス容易性」、「自然環境との共生の可能性」といった一八項目の選定基準を五〇〇点満点で評価。その結果、何と栃木・福島地域が一位の三五三点という高評価を得た。茨城地域は三位の三三三点と候補から外れてしまったが、なかなかの高評価で健闘した。

当時の栃木県の盛り上がりは相当なもので、「那須野が原に国会を！」という看板まで作って県民に宣伝活動を行なった。国や関係自治体から視察団を招き、西那須野町《にしなすのまち》（現在の那須塩原市《なすしおばらし》）の高台に建つ「サンサンタワー」の展望台から、移転候補地となる広大な那須野が原を案内したという。サンサンタワーとは、東京タワーの高さ三三三メートルを意識して一九九七（平成九）年に造られた、三三・三メートルの展望タワー。まさに首都機能移転への夢と希望を象徴するタワーだった。

ところがここまで具体的な議論が進んだにも関わらず、バブル崩壊後の景気後退や公共事業の縮小、九・一一同時多発テロ事件などによる国際情勢の変化、そして石原慎太郎都知事（当時）の大反対キャンペーンといった時代の変化により、議論は頓挫してしまう。二〇〇三（平成一五）年、国会で栃木・福島地域を含む三つの候補地の中で、「どの候補地が最適なのか絞り込めない」という中間報告がされたのを最後に計画は事実上凍結となり、事業の担当部署である首都機能移転企画課も二〇一一（平成二三）年七月に廃止された。

実は幻となった上州遷都論もある

栃木県、茨城県への首都機能移転の可能性は立ち消えとなったが、明治時代にも幻の首都移転議論があった。それが、「上州遷都論」である。遷都は首都移転のことであり、首都の「機能」を移転するのとは違う。首都機能移転は司法・立法・行政の国の中枢機能のみを移転することだが、遷都は天皇の住居を移すことであるため、遷都論は国の根幹を揺るがす重大な提言となる。

「上州遷都論」の発起人は、長州五傑として幕末に活躍し、後に明治政府で外務大臣、参議、農商務大臣、内務大臣などの要職を歴任した井上馨《かおる》と、薩摩藩士の出で鶴岡・山形・栃木の県令を歴任し、第五代警視総監に就任した三島通庸《みちつね》である。ちなみに三島は那須野が原の開拓の礎を築いた人物で、栃木県とも縁が深い。

一八六八（明治二）年、天皇が江戸に入って東京が都となってから二〇年と経たない一八八六（明治一九）年に、この二人が総理大臣伊藤博文に対して遷都計画の建議書を提出した。その概要は次のような内容である。

東京は、湾に面しており外敵が侵入しやすいこと、地震が多いこと、湿地帯で水質が悪いこと、伝染病が多いことなどを挙げ、首都にふさわしくないとして遷都を提言。候補地に上州地方赤城山南麓の新田《にった》（太田市・みどり市・伊勢崎市の各一部）・佐位《さい》（伊勢崎市の一部）・那波《なわ》（前橋市・伊勢崎市・玉村町の各一部）の三郡を挙げた。理由には海から八〇〜一二〇キロメートル離れていること、平地で交通の便がいいこと、給排水設備の建設に都合が良いことなどが挙げられている。

結局、翌一八八七（明治二〇）年に、不平等条約改正に失敗した井上馨の辞任により計画はあっけなく立ち消えとなり、上州遷都は幻となった。長州藩士である井上が遷都先として群馬県を挙げたのは、いささか唐突に思えるかもしれない。井上と群馬県の接点を挙げるなら、妻・武子の父が元新田郡下田嶋領主で後に男爵となる、新田俊純であることだろう。つまり嫁の地元が新・首都の候補地として挙がっていたわけだが、果たしてこれは偶然なのだろうか。

今度は中枢機能のバックアップに三県が動き出す

結局、北関東への遷都や首都機能移転は幻に終わったが、二〇一一（平成二三）年の東日本大震災後、東京一極集中の弊害が再び議論されるようになった。同年一二月、国土交通省は有識者と政務二役による「東京圏の中枢機能のバックアップに関する検討会」を設置。群馬県はこれに先駆けた一一月、県内のすべての市町村と経済団体が参加する「群馬県バックアップ機能誘致会議」を発足し、官民一体の〝オール群馬〟の体制で誘致への意気込みを見せた。

翌年四月には、一度は国会誘致の夢破れた栃木県の那須塩原市が「首都機能バックアップ・キャンプ那須構想」策定プロジェクトチームを設置。阿久津憲二市長（当時）はチーム設置の記者会見で「那須地域は緊急の場合に国にも貢献できる最大の基地になってしかるべき。地域ブランドイメージも高められれば」と、鼻息が荒い。

茨城県は、国が策定した国土強靭化基本計画と県総合計画の調和を図った、茨城県国土強靭化計画を打ち立て、これを基本理念に「首都直下地震等発生時のバックアップ機能の充実」をちゃっかり据えている。三県の野心はまだ、潰えないようである。

Chapter 4
03
歴史

いくらなんでも攻められ過ぎでは!? みんな防戦一方の北関東弱小大名たち

一五世紀末から一六世紀にかけての戦国時代には、日本全国で大小様々な勢力の戦国武将がしのぎを削っていた。例を挙げれば、広島県・山口県では毛利元就、愛知県・岐阜県では織田信長、宮城県では伊達正宗といった具合だ。もちろん北関東三県でも、戦国武将が領地の奪い合いを展開していたが、この三県はどういうわけかカリスマ性の高い有力な戦国武将が台頭しなかった。

有能な戦国大名が誕生しなかったことには、歴史的な理由がある。北関東三県の各氏は、越後（現在の新潟県）の上杉氏、甲斐（現在の山梨県）の武田氏、小田原（現在の神奈川県）の北条氏という強力な三氏の脅威を常に感じており、北関東勢は自分の領土を拡大するどころか外敵の侵略を防ぎ、身を守ることで精いっぱいだった。当然、北関東域内での勢力争いもあり、ことあるごとに防戦を強いられ強大化する余力がなかったのである。

上杉・武田・北条には手も足も出ず……

では、実際に北関東勢はどのような侵略を受けていたのだろうか。上杉氏、武田氏、北条氏はそれぞれの本拠地を軸に領土拡大を推し進めていたが、北関東はこの三氏がぶつかり合うエリアで、勢力図が目まぐるしく移り変わる状況にあった。戦国時代後期の北関東情勢を見ると、上杉・武田・北条の勢力が入れ替わり立ち替わり、北関東に触手を伸ばしていることがわかる。

一五六〇（永禄三）年、越後の上杉謙信が群馬県を中心とした関東に遠征して来た。謙信はまず沼田城（現在の群馬県〔以下同〕沼田市）を攻略、これにより周辺の多くの武士が謙信の軍門に下った。謙信は続いて厩橋城《まやばし》（前橋市）、那波城（伊勢崎市）、館林城（館林市）を次々と陥落させて、北関東での勢力圏を築いたのだ。

同時期、西上野（現在の群馬県）を侵攻していたのが、甲斐の武田信玄。武田氏の圧力を受け、傘下に入った武士たちも多かった。信玄は倉賀野《くらがの》・箕輪《みのわ》（現在の高崎市）を攻略。国衆たちとの連携も深め、謙信との対決姿勢を強める。こうして北関東、特に群馬県の武士たちは、上杉氏と武田氏の動向に翻弄されながら、どちらに味方するかを考えなければならなかったのだ。

ところが一五七八（天正六）年に上杉謙信が急死、一五八二（天正一〇）年には武田氏が滅亡し、両氏による北関東支配が終わりを告げる。すると今度は小田原の北条氏が攻め込んで来た。厩橋城を落城させると怒涛の勢いで支配拠点を増やし、群馬県の大部分を支配下に収める。結局、北条氏もその後の豊臣秀吉との争いで滅亡に追いやられるのだが、群馬県は三氏の間で常に揺れ動く運命にあったのだ。

また栃木県も群馬県同様に、三氏の侵攻を受けていた。宇都宮氏、小山氏、那須氏などが群雄割拠していたが、南からは北条氏が、西からは上杉氏が襲来し、さらに群馬県に進出していた武田氏の圧力も意識せざるを得ない状況だった。栃木県の土着の領主たちは、上杉氏や北条氏から要求される人質供出に応じながら、何とか生き残りを図っていたのである。後に北条氏と上杉氏の間で同盟が結ばれ、両氏による栃木県下での争いは収束するかに見えたが、今度は武田氏が勢いを強め政局は複雑化。栃木県の国衆が安堵できる状況には至らなかった。

では、茨城県はどうだったのだろうか。やはり脅威となったのは北条氏だった。同時に関東侵攻を企てる上杉氏にも注意を払わねばならず、外敵により茨城県の広範囲で混乱が

●戦国時代の北関東勢力変遷図

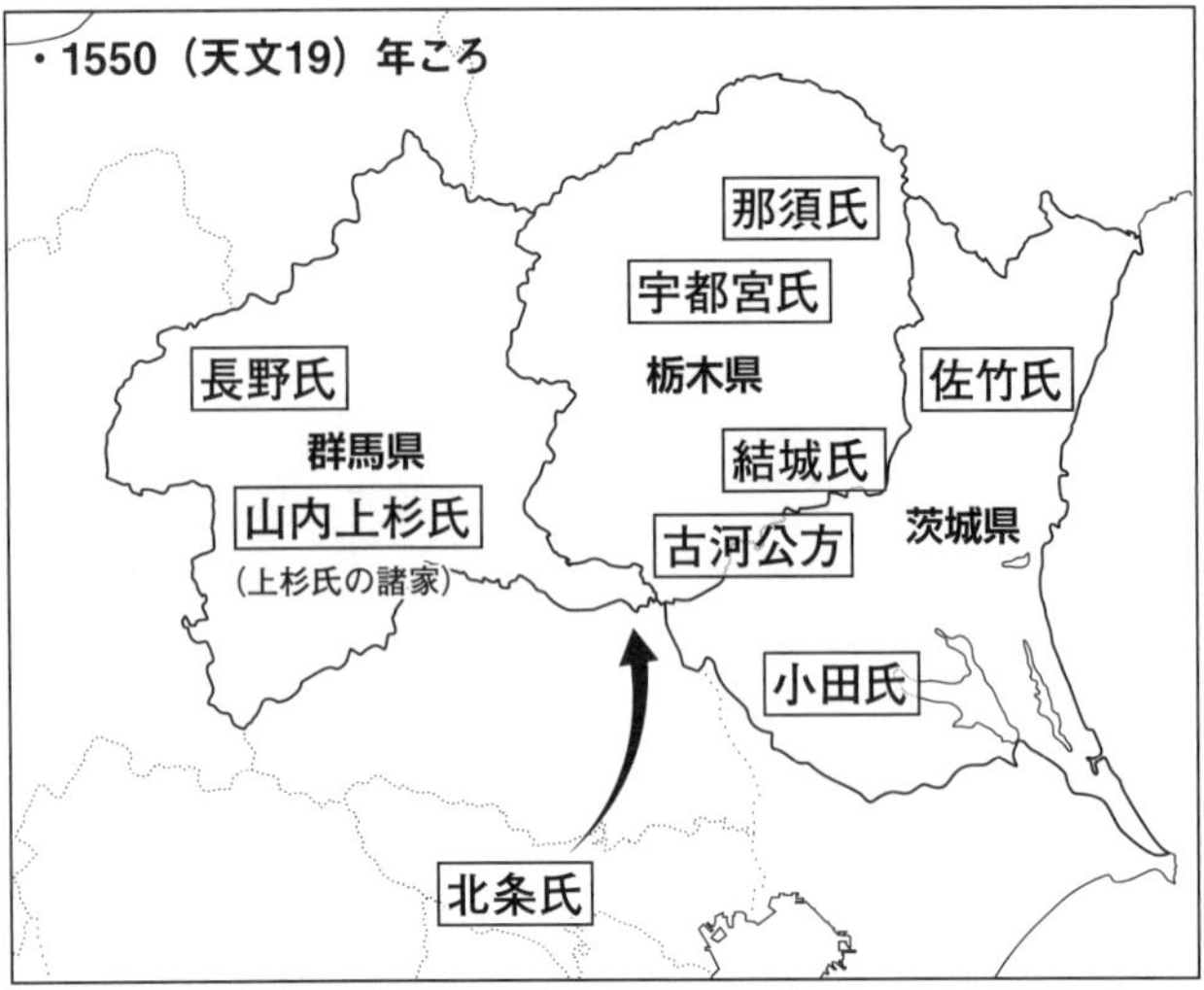

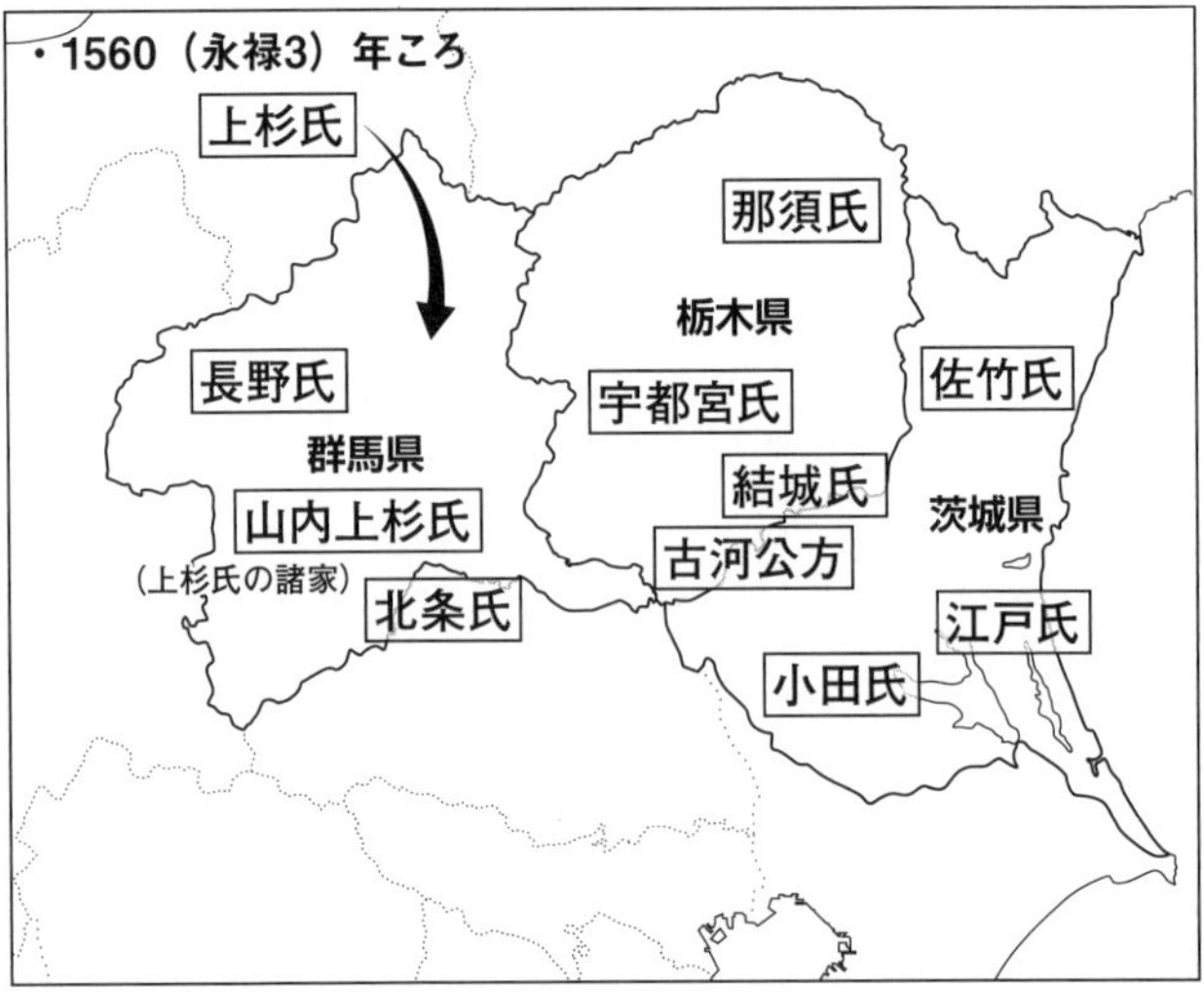

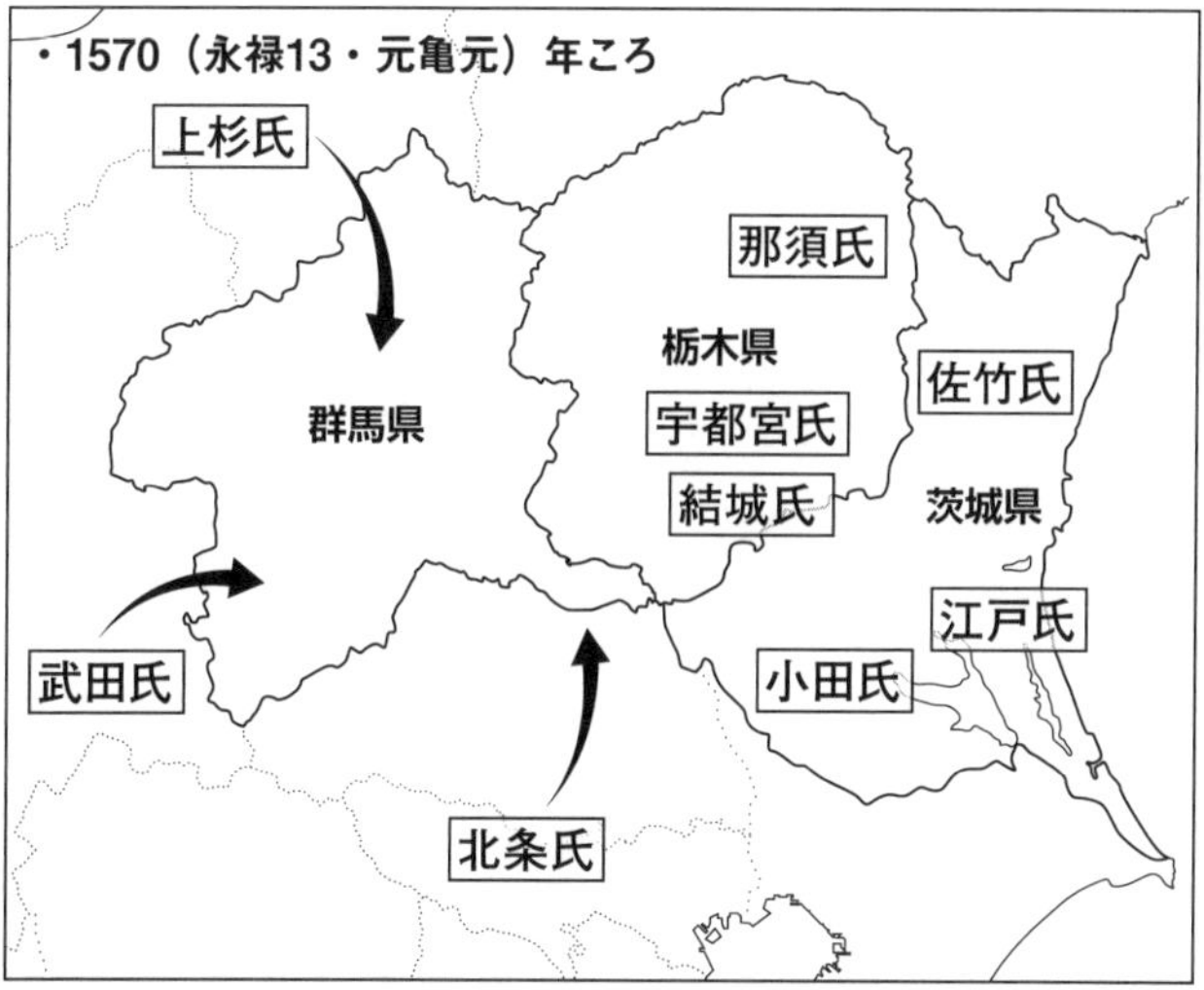
・1570（永禄13・元亀元）年ころ
上杉氏
那須氏
栃木県
佐竹氏
群馬県
宇都宮氏
結城氏
茨城県
江戸氏
武田氏
小田氏
北条氏

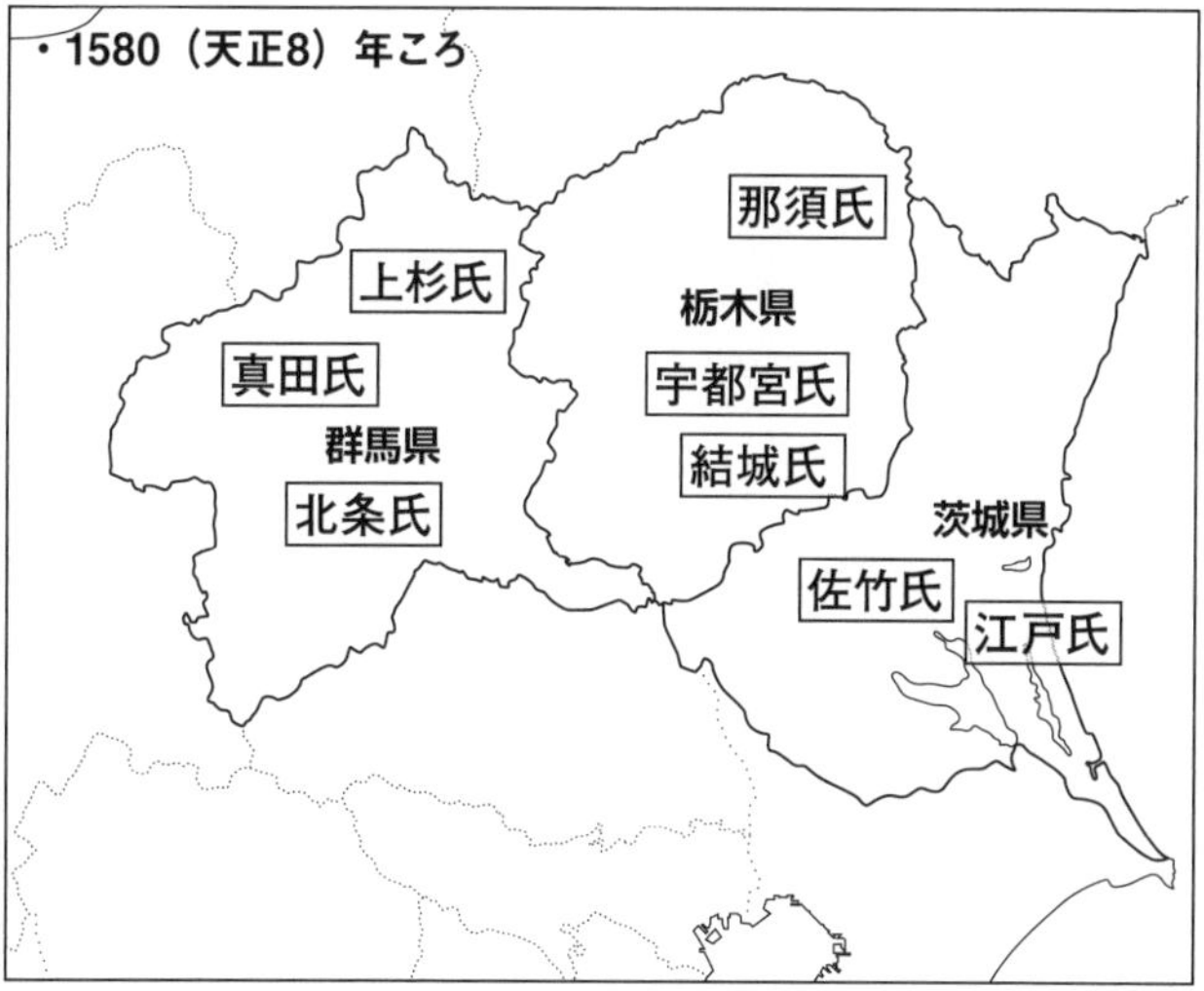
・1580（天正8）年ころ
那須氏
上杉氏
栃木県
真田氏
宇都宮氏
群馬県
結城氏
北条氏
茨城県
佐竹氏
江戸氏

生じた。豊臣秀吉による北条氏の討伐で、戦国期の混乱はいったん終わりを見るものの、今度は領主だった佐竹氏が関ヶ原の合戦で、徳川方に味方する意思を鮮明にしなかったことを問題視され、秋田県に転封されてしまう。茨城県古参の領主は再び、大勢力に苦汁を飲まされる結果となった。

改易や御家騒動で自滅の地元盟主も

苦難の戦国時代を送り、自らの勢力を拡大するより生き残りに執着するしかなかった北関東勢であるが、どのような武将が君臨していたのだろうか。各県で勢力を持っていた代表的な戦国武将を何名か挙げてみよう。

数多くの大名や国衆が入り乱れていた群馬県で、代表格の一人が桐生氏だ。足利氏に仕えて一時は勢力を誇ったが、後に上杉氏との間で揺れることになり、最終的には上杉氏の攻めを受けて降伏している。清和源氏の流れをくむ岩松氏も、群馬内では名門の一つだった。しかし時の当主・家純が亡くなったことで家中騒動が勃発し、重臣・横瀬氏との対立もあって混乱は深みにはまり、最終的には横瀬氏に実権を奪われて没落した。

栃木県は、宇都宮城を居城とした宇都宮氏が筆頭に挙げられる。周辺武士と連携して北

●北関東の戦国時代年表

1500年頃	長野業尚が箕輪城を築城
1504年	佐竹義舜が太田城を奪還
1510年	関東管領の山内上杉氏の弱体化が進む 相模の北条早雲が北関東進出を目論む
1512年	山内上杉氏の内紛（永正の乱） 足利高基が宇都宮氏を中心として勢力拡大
1515年	上杉朝興と相模の北条氏、甲斐の武田氏の対立が表面化
1516年	宇都宮成綱が佐竹義舜を破る（縄釣の戦い）
1518年	古河公方家の没落が始まる 北条氏の関東進出の地盤が固まる
1524年	山内上杉氏と武田氏が和睦し北条氏包囲網を築く
1526年	結城正朝が宇都宮忠綱を破り領地回復
1531年	山内上杉氏と古河公方家の不和が再燃
1535年	古河公方が北条氏に接近
1549年	宇都宮尚綱と那須高資の争い（五月女坂の戦い）
1556年	結城政勝が北条氏の後ろ盾で小田氏を攻める
1558年	児山兼朝が上杉謙信との戦いで戦死
1560年	上杉謙信が厩橋城に入城
1564年	桐生助綱が上杉謙信に降伏 上杉謙信が小田城を攻める
1567年	北条、武田両軍が厩橋城を攻める
1568年	佐竹氏が竜子山領に侵攻
1569年	小田氏と佐竹氏が争う（手這坂の戦い）
1573年	北条氏が下野に出兵
1576年	北条氏が小山を攻略
1579年	由良国繁が北条氏に降伏
1585年	宇都宮国綱が本拠を宇都宮城から多気山城に移す 佐竹義重が伊達正宗と争う
1590年	平岩親吉が厩橋城の城主となる 桐生領が徳川家康の支配地となる 佐竹氏が岩城氏を継承 佐竹氏が常陸を統一
1597年	豊臣秀吉により宇都宮氏が改易

条氏の侵攻に備えるなど、土着の領主として意地は見せるものの、北条氏の激しい攻勢には耐えきれず、宇都宮城を捨てて多気山城に移らざるを得なくなった。辛苦は味わったものの後の秀吉による北条氏攻めに従軍し、領地を安堵されたかに見えたが、一五九七（慶長二）年に突如、秀吉から改易を言い渡される。理由は定かでないが、所領の申告に虚偽があり秀吉の怒りを買った、家中問題をこじらせて秀吉から処分を受けたといった説がある。いわゆる「宇都宮崩れ」と呼ばれる事件だ。

ほかにも宇都宮一族であった芳賀氏も、栃木県の有力者だった。しかし「宇都宮崩れ」の際に内乱を引き起こしたとされ、主家とともに改易される憂き目に遭っている。その後も再興のチャンスは訪れず、没落の一途をたどった。

茨城県の戦国大名の代表格には、小田氏、佐竹氏、結城氏が挙げられる。常陸国の半分を配下に収めたのは小田氏だったが、侵攻を受けた佐竹氏に臣従。その後は秀吉の北条氏攻めに従軍せず、所領奪還の戦を行なっていたことを理由に領地を没収されてあえなく没落した。

小田氏を従わせた佐竹氏は、前述のとおり秋田県に転封されている。最盛期には茨城県を飛び出して領地を広げるなど、一大勢力にのし上がる兆しを見せたのだが、関ヶ原の合戦で犯した判断ミスの代償はあまりにも大きかったようだ。

そして結城氏だが、足利将軍家に従って転戦したことで名を馳せる。信頼を勝ち取って茨城県周辺の支配権を獲得するが、足利将軍家の争乱時に室町幕府軍と対立する事態となり（結城合戦）、一一代当主・氏朝は自殺。結城氏は一時滅亡に至っている。その後何とか再興を果たし、北条氏・上杉氏の狭間で生きながらえ、江戸時代に入ると越前（今の福井県）に転封となった。

北関東三県のうち内陸部の群馬県や栃木県は、上杉や武田、北条の三大勢力がぶつかり合う立地として、自国を守ることで精一杯だったことは理解できる。しかし茨城県は、佐竹氏が関ヶ原の合戦で徳川家についていれば、大きな権力を得たかもしれない。しかも水戸徳川家もあったのだから、現在の茨城県よりももっと存在感のある県になっていたかもしれない。

伝説

徳川ゆかりの地〝NO.1〟はどこ？三県に散らばる様々な家康の足跡

北関東にある徳川ゆかりの地と聞いてまず思い浮かべるのは、栃木県の日光東照宮だろう。一六一七（元和三）年に徳川家康を祀って創建され、一六三六（寛永一三）年に三代将軍家光によって「寛永の大造替《だいぞうたい》」が行なわれた。この時に現在残る主な社殿群が造営され、今では世界遺産にも登録される一大観光地になっている。そして茨城県は徳川将軍家に次ぐ地位にあった徳川御三家の一つ、水戸徳川家のあった地。尾張徳川家、紀州徳川家と並び、由緒正しい徳川ゆかりの地といえる。

本家・東照宮は栃木県か!?　群馬県か!?

栃木県、茨城県に徳川ゆかりの地があり、群馬県には見当たらないように思えるが、この県こそ徳川発祥の地といわれる場所があるのだ。それは群馬県太田市徳川町の周辺、か

寛永の大造替で日光東照宮にあった奥社が移築された世良田東照宮（群馬県太田市）

って「徳川郷」と呼ばれていた地区である。同地は武士の名門・清和源氏の流れをくむ新田氏が治めていたのだが、家康が江戸幕府を開く際に自身を新田氏の末裔と位置づけ、徳川郷は年貢免除など江戸幕府から特別な保護を受ける土地となった。

また徳川町の近隣にある世良田《せらだ》町も、徳川ゆかりの地として知られる。日光東照宮の創建当時の社殿は、前述した寛永の大造替の際、何と世良田に移されて「世良田東照宮」として創建されているのだ。本家本元の東照宮社殿は群馬県にある、といっても過言ではないのである。ちなみに世良田東照宮により幕府から厚遇された世良田は繁栄し、当時は「お江戸を見たけりゃ世良田へござれ」と詠われるほどだったという。

とはいえ徳川家康が眠る東照宮といえば、やはり日光だ。そもそもなぜ家康が日光東照宮に埋葬されたのかというと、「自分を神として祀るように」という家康の遺言が実行されたことによる。当初、家康の遺体は駿府の久能山《くのうざん》（静岡県静岡市）に埋葬されたが、一周忌を迎えて栃木県の日光山に改葬されている。これは宗教的狙いがあったといわれる。久能山と日光山を直線で結ぶと、線上には富士山と徳川発祥地の世良田があり、「久能山に神として祀った家康を、不死の山（富士山）を超えた永遠の存在として徳川家繁栄の願いを込めて日光に祀る」という宗教儀式に則ったと考えられるのだ。改葬により家康の神格は一層高められ、権力の象徴として幕藩体制の強化に貢献した。日光東照宮は、徳川家と切っても切れない縁で結ばれているのである。

東照宮との関わりは薄い茨城県だが、御三家の一つに数えられるだけに、ほかの二県に劣らず徳川家との関わりは深い。水戸が御三家の一つになった大きな理由は、茨城県域を江戸幕府が要衝と捉えたからだった。戦国時代に茨城県域を支配していた佐竹氏が、天下分け目となった関ヶ原の戦いで徳川方につくか豊臣方につくかで曖昧な態度をとったため、戦の後に秋田地方に転封された。その後のこの世の支配者として、家康は自身の子どもたちを据えている。これは仙台の伊達氏をはじめとした東北勢力を意識し、監視するための

徳川埋蔵金の候補地の一つ、男体山。山自体が信仰の対象でかつては女人禁制だった

措置であった。当時の茨城県は、幕府の勢力堅持には欠かせない土地だったということなのだ。

嘘か真か!? 各地に伝わる徳川埋蔵金の伝説

それぞれに徳川家の名残が感じられる北関東三県であるが、徳川家に関わり深い謎として各県に残されているのが、埋蔵金伝説だ。中でもかつて大規模発掘プロジェクトまで実施された、群馬県の徳川埋蔵金伝説は有名だろう。群馬県に埋蔵金があるとされる根拠は、群馬県が徳川家のルーツとされることなどが挙げられる。時価にして一〇〇〇億円以上ともいわれる埋蔵金が隠されている最有力候補地は、赤城山麓とされているが、みなかみ町の猿ヶ京、昭和村の長者久保、現・渋川市の旧・子持村、片品村の金井沢金山跡と、候補地は群馬県全域にあるのだ。

信憑性の高さは別として、栃木県にも埋蔵されているという噂さえある。場所はもちろん日光で、日光のシンボルである男体山がその候補地とされる。いずれの候補地でも埋蔵金はいまだ掘り当てられていないが、様々な伝説に冒険心を刺激されたトレジャーハンターたちが発掘に情熱を傾けている。

徳川埋蔵金ではないが、茨城県から栃木県にかけても埋蔵金伝説が残されている。栃木県と茨城県にまたがって勢力を誇った結城家の黄金で、家康が血眼になって捜したといわれる点を踏まえれば、徳川家にゆかりがあるともいえるだろう。

この埋蔵金は時価にして、何と一兆三〇〇〇億円ともいわれるから驚きだ。奥州征伐などで功績を挙げた結城家に代々受け継がれた財宝が、家康に狙われたことからいずこかに隠されたと伝わる。結城家の勢力が二県にまたがっていたことから、茨城県結城市、栃木県小山市や下野市など、候補地は複数・広範囲にわたる。

Chapter

5

いつの間にか隣県に！

ふしぎな交通や境界線

Chapter 5
01

交通

北関東から都心まで通勤するならストレスなく通えるのはどこまでか？

東京都と隣接する神奈川県や埼玉県、千葉県は、ＪＲや私鉄で主な街から都心へのアクセスがよく、一時間程度の通勤時間で都心に出て来れる地域が比較的多い。そのため通勤者のベッドタウンが各県に発展し、人口も増加している。

北関東の三県は、これら東京都の隣県よりも距離があり、鉄道でアクセスするには時間的、金銭的、運行頻度的に少々ハードルが高い。三県から都心への通勤事情は、一体どのようなものだろうか。各県の主な街から東京駅へ、鉄道を利用して通勤することを想定したシミュレーションをしてみよう。

栃木県と群馬県はＪＲ・茨城県はつくばエクスプレス

栃木県は東北新幹線の利用が考えられる。東北新幹線は東京に近い駅から小山駅、宇都宮駅、那須塩原駅と県内に三駅が設けられ、平日の午前八時半に東京駅到着と仮定すると、東京駅への所要時間は小山駅からは四三分、宇都宮駅は五四分、那須塩原駅で一時間九分。いずれも時間的には十分に通勤圏内といえるのだが、新幹線利用だけあって定期代は高額になる。三カ月の定期代は小山駅からは二二万四〇〇円、宇都宮駅からは二九万八一〇円、那須塩原駅からは三六万九七一〇円だ。ちなみに那須塩原市と小山市は、一定条件を満たす新幹線通勤者に定期券補助を行なっている（限度額あり）。

ＪＲ宇都宮線の利用も手段の一つ。小山駅〜東京駅間は一時間三四分（三カ月定期代一〇万八二三〇円）、宇都宮駅〜東京駅間は二時間七分（同一四万九五六〇円）だ。

茨城県は「つくばエクスプレス」が、つくば市のつくば駅から東京駅まで、秋葉原駅で京浜東北線乗り換えで一時間一二分。東京都との隣接県と比較すると、例えば埼玉県の川越駅から東京駅までは、池袋駅乗り換えで一時間二分。八王子駅から東京駅までは、中央線の直通で一時間八分かかる。つくばエクスプレス沿線は、これらの地域とそん色ない所要時間で通勤できる。ただし、つくば駅〜東京駅間の定期代は三カ月で一三万二二二〇円。八王子駅〜東京都間の六万二三六〇円に比べると、二倍以上の金額になる。

つくばエクスプレス沿線以外の地域から都心への通勤となると、ＪＲ常磐線の利用が中心

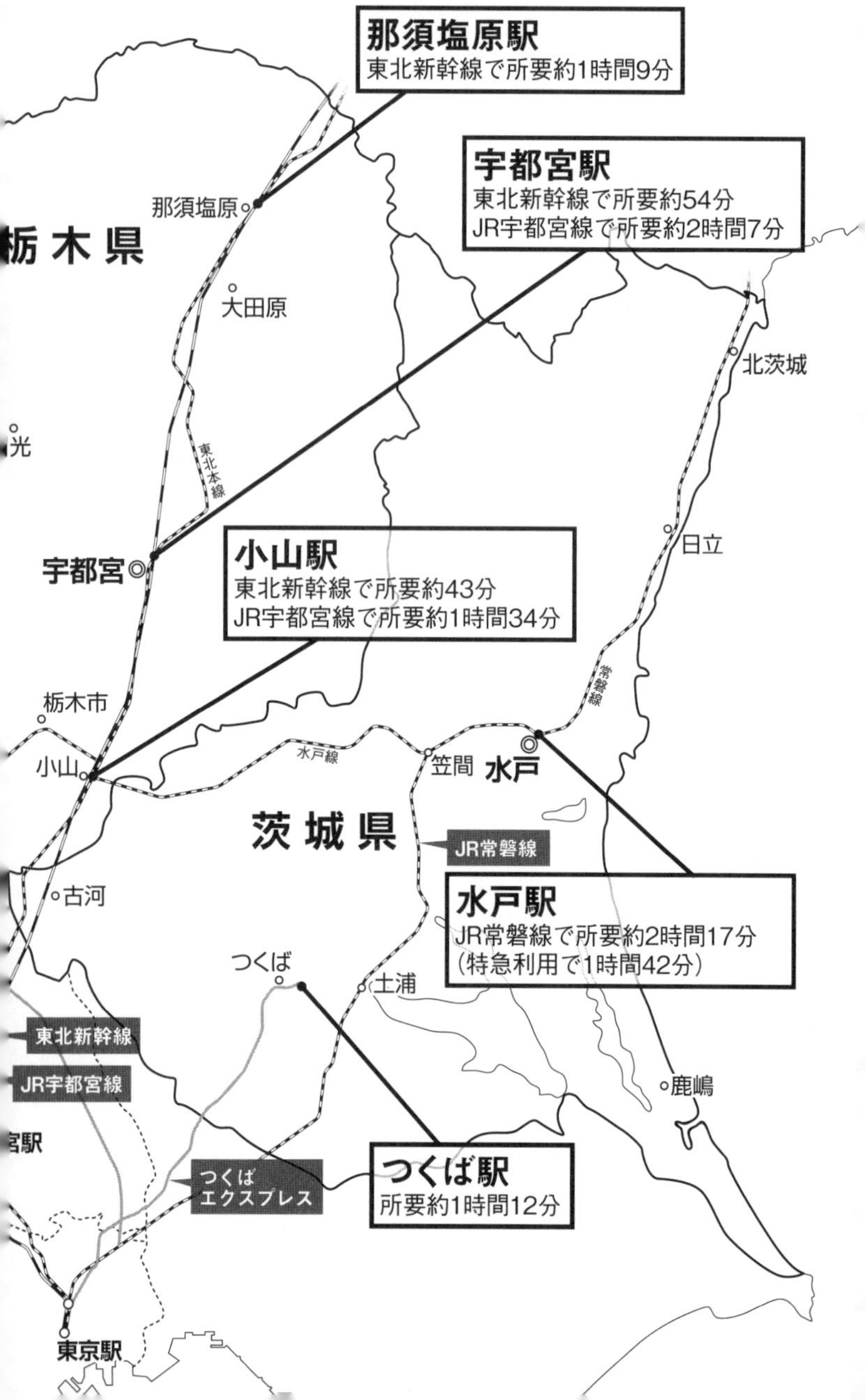
那須塩原駅
東北新幹線で所要約1時間9分
宇都宮駅
東北新幹線で所要約54分
JR宇都宮線で所要約2時間7分
小山駅
東北新幹線で所要約43分
JR宇都宮線で所要約1時間34分
水戸駅
JR常磐線で所要約2時間17分
(特急利用で1時間42分)
つくば駅
所要約1時間12分
栃木県
茨城県
那須塩原
大田原
光
東北本線
宇都宮
栃木市
小山
古河
水戸線
笠間
水戸
北茨城
日立
常磐線
JR常磐線
つくば
土浦
鹿嶋
東北新幹線
JR宇都宮線
つくば
エクスプレス
東京駅

●主要都市から首都圏までの所要時間
(東京駅まで・乗換時間含む)
※一部の鉄道線は省略

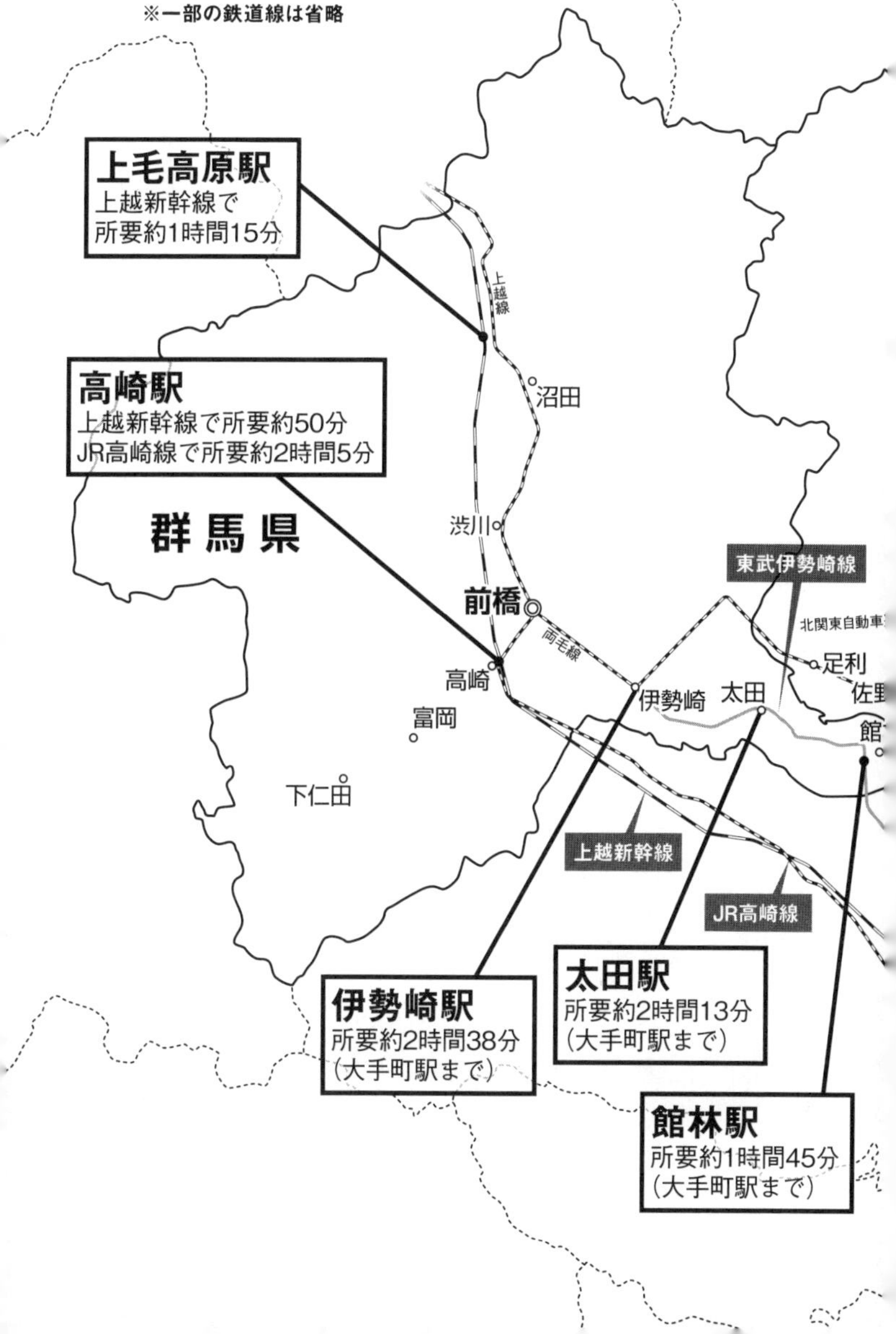

になる。上野東京ライン経由で、茨城県の取手駅、牛久駅、土浦駅、石岡駅、水戸駅などから都内の東京駅、新橋駅、品川駅の各駅を結ぶ。水戸駅から東京駅へは、特急利用で一時間四二分。特急を利用しない場合は二時間一七分かかる（平日の午前八時半到着を想定）。水戸駅〜東京駅間の三カ月の定期代は十六万八〇二〇円、特急料金は一五五〇円だ。

高額な新幹線より乗り換えなしの在来線もあり？

群馬県は栃木県と同様に、都心への通勤には新幹線の利用が考えられる。県内の上越新幹線の駅は、東京駅に近い順に高崎駅、上毛高原駅の二駅だ。東京駅に平日の午前八時半に到着とすると、上毛高原駅〜東京駅間は一時間一五分（三カ月定期代三六万一九八〇円）、高崎駅〜東京駅間は五〇分（同二八万九九〇〇円）。やはり定期代は高額になるが、上毛高原駅のあるみなかみ町でも那須塩原市と小山市と同様に、一定条件を満たす町民に新幹線定期の補助を実施している。また高崎駅からは、ＪＲ高崎線が上野東京ライン経由で東京駅まで運行しており、乗り換えなしの直通だと所要時間は二時間五分だ。

私鉄線では東武伊勢崎線が、東京メトロ日比谷線に乗り入れている。大手町駅まで北千住経由で行くとすると、群馬県下の主要駅である伊勢崎駅から二時間三八分、太田駅から

完全立体交差で踏切がなく、最高時速130kmで走行するつくばエクスプレス

は二時間一三分、館林駅からは一時間四五分だ（いずれも平日の午前八時半到着を想定）。三カ月の定期代は伊勢崎駅からが一〇万四〇一〇円、太田駅からが七万九五三〇円、館林駅からが七万四八三〇円となる。

三県とも、在来線を利用しての通勤だと、シミュレーションした駅から東京駅まで二時間程度が目安のようだ。新幹線や特急の利用による時間短縮も可能だが、コストを考えると普段使いするには少々厳しいものがある。東京への通勤圏ながらも、時間かお金かいずれかをかけざるを得ないのが、北関東三県からの遠距離通勤事情のようである。

Chapter 5
02
地理

拝殿も賽銭箱も両県用に二つずつ 県境が境内を二分する不思議な立地の神社

互いにライバル意識を燃やすこともある北関東三県だが、神様のいる場所となると話は別なのだろうか。栃木県と茨城県の県境にあり、両県が力を合わせて盛り立てている神社がある。標高四七〇メートルの鷲子山《とりのこさん》の山頂に建つ鷲子山上神社だ。

創建は八〇七（大同二）年。大蔵坊宝珠《ほうしゅ》上人が、紙漉きの技術とともに守護神の天日鷲命（アメノヒワシノミコト）を勧請して社殿を建立したといわれる。天日鷲命が鳥の神様で、フクロウが崇敬されてきたことや、「不苦労」にも通じることから、近年は金色の大フクロウ像など、フクロウにちなんだものを多数置いた「フクロウ神社」としても親しまれている。

こうしたいわれや御利益に負けず特徴的なのが、栃木県（那珂川町《なかがわまち》）と茨城県（常陸大宮市《ひたちおおみやし》）のちょうど県境線上に立地している点だ。

御本殿へと続く石段の中央がちょうど県境。なぜか賽銭箱も（鷲子山上神社）

山上に続く道は一方通行が推奨され、茨城県側から入って栃木県側に下る

具体的には大鳥居の中央と、その奥の本殿、随身門《ずいしんもん》、拝殿《はいでん》、幣殿《へいでん》もすべて県境線上にあり、境内が文字通り、異なる県で真っ二つとなっているのだ。親切にも大鳥居へと続く階段の前には、「ここが県境」との標識が立っている。

神社としては一つだが、宗教法人としては栃木県と茨城県それぞれの神社庁の管轄になるというからややこしい。そのため社務所も各県側に、向き合う形で二つ設置されており、宮司も二人存在する。神社の読み方も、栃木県では「とりのこさんしょうじんじゃ」、茨城県では「とりのこさんじょうじんじゃ」と微妙に違っている。本殿などは両県がそれぞれ、自分の県の文化財として指定している。

そもそもなぜ、県境に神社が建つこととなったのか。社伝によると、鷲子山上神社はかつて朝日嶽《あさひだけ》と呼ばれる地に創建されたが、一五五二（天文二一）年、現在の山頂に移された。その時からこの場所は、下野国（栃木県）と常陸国（茨城県）の国境だった。

江戸時代に入るとその時々で、神社のある場所を治める藩主も変わったが、明治時代の廃藩置県で栃木県と茨城県の県境を決めた際、神社の中央を通ることになったのだ。

日本には元来、山頂には神が宿るとの信仰がある。また古来より日本では、山や川を境に国境を引かれることが多かった。それらの国境は、鷲子山上神社における県境の例と同様、江戸時代に藩の境として引き継がれ、それが現在の県境になっていることもよくある。そのため、県境の神社はほかにもいくつか存在しているが、ここまで見事に二分されているのは珍しい。

由緒ある神社だけに、県同士で取り合ったりしないか懸念する向きもあろうが、心配無用。一九八三（昭和五八）年、鷲子山の豊かな自然をどちらの県が所有するかを協議した結果、両県が一緒に鷲子山上神社を盛り立てようと話がまとまった。

約束は現在も守られ、普段の警備は那珂川町と常陸大宮市が、それぞれの県側を担当するが、正月には両県の警察が協力体制をとっている。ゴミも普段は栃木県、催事では茨城県に出す。二〇〇七（平成一九）年には両県が団結し、神社鎮座一二〇〇年記念事業を執り行なった。二県がうまく分担と協力をしながら、両県の宝である神社を守っているのだ。

同じ神社なのに県によって名前が異なる

群馬県にも県境がど真ん中を走る神社がある。名前は「熊野《くまの》神社」または「熊野《くまの》皇大《こうたい》神社」。標高一二〇〇メートルの碓氷峠《うすいとうげ》山頂に鎮座しており、境内の中央から向かって右側が群馬県（安中《あんなか》市）、左が長野県（軽井沢《かるいざわ》町）と二分されている。鷲子山上神社同様、一つの神社なのに、各県による二つの宗教法人が管轄する形だ。日本神話の英雄、ヤマトタケルノミコトが碓氷峠を目指して濃霧に阻まれるも、八咫烏《やたがらす》が現れて山頂に登ることができた。この導きを熊野神霊のご加護によるものと考え、祀ったとされる。日本全国の熊野神社の中でも、和歌山県と山形県とともに日本三大熊野神社とされる。

鷲子山上神社と同じく、鳥居や本殿の真ん中を県境が通っており、鳥居前の石畳には境目のところに「長野県」「群馬県」のプレートが埋め込まれている。社務所も二つ、宮司も二人だ。県境に建っている理由も、鷲子山上神社と同様と考えられる。

ただし事態は鷲子山上神社よりやや複雑だ。というのも、鳥居や本殿は一つだが、本殿の両側に、拝殿にあたる社《やしろ》が二つ存在するのだ。社は群馬県側が「熊野神社」、長野県側が「熊野皇大神社」という名称で、それぞれが各県における神社全体の正式名称となっている。要は、一つの神社が二つの名前を持っているというわけだ。

春と秋の例大祭は両社が一緒に行ない、春は熊野神社、秋は熊野皇大神社が先に祝詞《のりと》をあげるなど、譲り合いの精神を発揮する。地元民はどちらの県民であれ、神社のことを親しみを込めて「峠山《とうげさん》」と呼ぶ。拝殿にはそれぞれ賽銭箱《さいせんばこ》があり、額にはあまり差がないというから、訪れた人は県境をまたぎながら、二つの拝殿を参拝して行くのではなかろうか。

熊野皇大神社の本殿前。
賽銭箱も本坪鈴もそれぞれ別になっている

山門下の敷石には県境の銘が記されている

Chapter 5
03
地理

平野だらけでいつの間にか隣県に！県境がとにかく複雑すぎる「両毛」エリア

北関東で県境が複雑な場所としては、渡良瀬遊水地（一五九ページ参照）が有名だ。このような地域では、隣県の市町村が生活圏に含まれるようなエリアが生じることがある。

北関東の三県を地図で見ると、西から東に群馬県、栃木県、茨城県の順に並んでいる。栃木県の中央は平地が広がっているが、群馬県と茨城県との県境に近い東西は、山が多い地形になっている。西の端には県を代表する男体山がそびえ、標高の高い場所を県境が通っている。

一方、県南部になると、栃木県の隣県とは関東平野の平地で接するようになる。例えば栃木県の南西部に位置する足利市は群馬県側に食い込んだようになっており、西側は太田市と桐生市、南側は邑楽町《おうらまち》と館林市と接している。足利市にはＪＲ両毛線と東武伊勢崎線が通り、太田市をはじめ伊勢崎市、高崎市、前橋市などの、群馬県の主要都市と結ばれている。足利市民にしてみれば、栃木県の県庁所在地である宇都宮市へ行くよりも、これらの都市に行くほうがずっと便がいいのだ。

職場や学校に通うのも県境の向こう側に

もともと群馬県と栃木県は、二県の旧国名（上毛野国・下毛野国）から「両毛」と総称されていた。さらに狭域の、栃木県南西部の足利市と佐野市、群馬県南東部の太田市、桐生市、館林市や周辺の町を合わせた範囲を指して「両毛」と呼ぶ場合も多い。県は違えども一つのエリアとして数えられるほど、この地域では古くから経済的な交流があり、似通った文化圏が形成されてきたのだ。

その一つとして、栃木県の足利市から群馬県の太田市へ通勤する人が多いことが挙げられる。太田市は自動車工業などが盛んな、北関東随一の工業都市だ。足利市の住民としては栃木県の中心部へ行くよりも、太田市に通勤した方が交通の便がよく、越県して勤める人が多いのだ。高校や大学などで群馬県の学校に進学し、県境を越えて通学する学生もいる。

かつては太田市から、県境を越えて足利市に通学していた小中学生もいたという。公立の小中学校へは一般的に、学区内に住む児童・生徒たちが通学するものだが、この例では学区どころか、県境まで越えて通っていたのだ。

その理由は特殊な事情による。太田市高瀬町から指定校である毛里田《もりた》小学校・中学校までは約四キロメートルあり、徒歩で通うにはかなりの距離である。しかし県境を越えた足利市の山辺小学校・中学校までは約二キロメートル。こちらの方が断然近いため、一九六四（昭和三九）年に太田市と足利市の間で特例として認め、太田市が足利市に委託料を払い越境《えっきょう》通学が可能となったのだ。

高瀬町からは多くの児童・生徒が足利市側に越境して通学していたが、一九八五（昭和六〇）年には太田市内に駒形小学校が開校。この学校が高瀬町から足利市の山辺小学校まで同じぐらいの距離にあった。さらに近くに城東中学校も開校したことから、次第に越境通学する子供は減っていった。二〇一四（平成二六）年度には、半世紀にわたる越境通学はおおむね廃止となったのだ。

県の境を越えて合併した市町村も

古くから文化的にも経済的にも共通性の多かった、両毛地域の市町村。そのためか、全国的な市町村合併の際に、県境を越えた「交換合併」が行われたことがある。

●群馬県太田市高瀬町付近

足利市のすぐ北に、菱《ひし》村という栃木県の自治体があった。この村は桐生川を挟んで群馬県の桐生市と向かい合っており、古くから村民は桐生市との行き来が多かった。

一九五三（昭和二八）年の町村合併促進法施行や一九五六（昭和三一）年の新市町村建設促進法の施行、いわゆる「昭和の大合併」の際、桐生市と菱村の市町村合併が検討され、一九五七（昭和三二）年一一月には両自治体の議会で合併原案が可決。栃木県・群馬県両県知事、地方自治を管轄する自治庁長官に、陳情書が提出された。

同時に、群馬県矢場川《やばがわ》村と足利市の合併も持ち上がった。桐生市と菱村は何年もかけて合併の準備を整えてきたため、急きょ浮上した矢場川村と足利市の合併など、簡単に進まないと思われていた。加えて、新市町村建設促進法が失効する一九六一（昭和三六）年までに合併をまとめないと、実現が難しくなる懸念があった。

そこで栃木県は、矢場川村と足利市の合併を認めれば、桐生市と菱村の合併も認めるという交換条件を出してきたのだ。群馬県側はその条件に反発したが、自治庁がこの交換合併案を推し進めた。結果として、一九五九（昭和三四）年に栃木県菱村は群馬県桐生市に、翌年の一九六〇（昭和三五）年に群馬県矢場川村の一部が栃木県足利市に編入した。

成功した越県合併もあれば、失敗に終わったものもある。一九九九（平成一一）年から約一〇年にわたって推進された「平成の大合併」では、栃木県足利市と群馬県太田市の合併構想が持ち上がった。合併した後の名前は何と「両毛市」。先にも述べた通り、足利市と太田市は似通った文化圏にある。実現も夢ではないと思われたが結局、「両毛市」の誕生はならなかった。

両市民の理解を得ることや県議会の可決を必要とすること、県の境界変更などの法的な手続きも経なければならないなど、実現するには解消すべき問題が多くありすぎたため、合併の構想は立ち消えになってしまった。

Chapter 5

04

地理

走りながら次々と県名が変わる全国最多の四県またぎの〝県〟道とは？

栃木県の栃木市を中心に、群馬県、茨城県、埼玉県の四県にまたがって位置する渡良瀬《わたらせ》遊水地。渡良瀬川ほか三本の川に挟まれた湿地帯にあり、三つの貯水池を擁する。面積三三平方キロメートル、総貯水容量は二億立法メートルの、日本最大の遊水地だ。

大雨の時に水を蓄え川の氾濫を防ぐことで、人々の暮らしを守ってくれるのはもちろんのこと、遊水地に広がる広大なヨシ原には多くの動植物が生息し、自然と触れ合える憩いのスポットにもなっており、特に栃木県民にとってはなじみ深いスポットである。

この渡良瀬遊水地の西岸に、日本で唯一という珍しい県道が走っていることを知る人は少ない。都道府県道は全国に一万本以上存在し、国道に次ぐ主要な幹線道路として位置づけられる。たいていは起点も終点も一つの県内に収まっているが、二県をつなげた県道も多く存在する。三県にかかるものとなるとかなり珍しく、全国に十数本のみ。さらに四県

●県道9号佐野古河線と注目ポイント

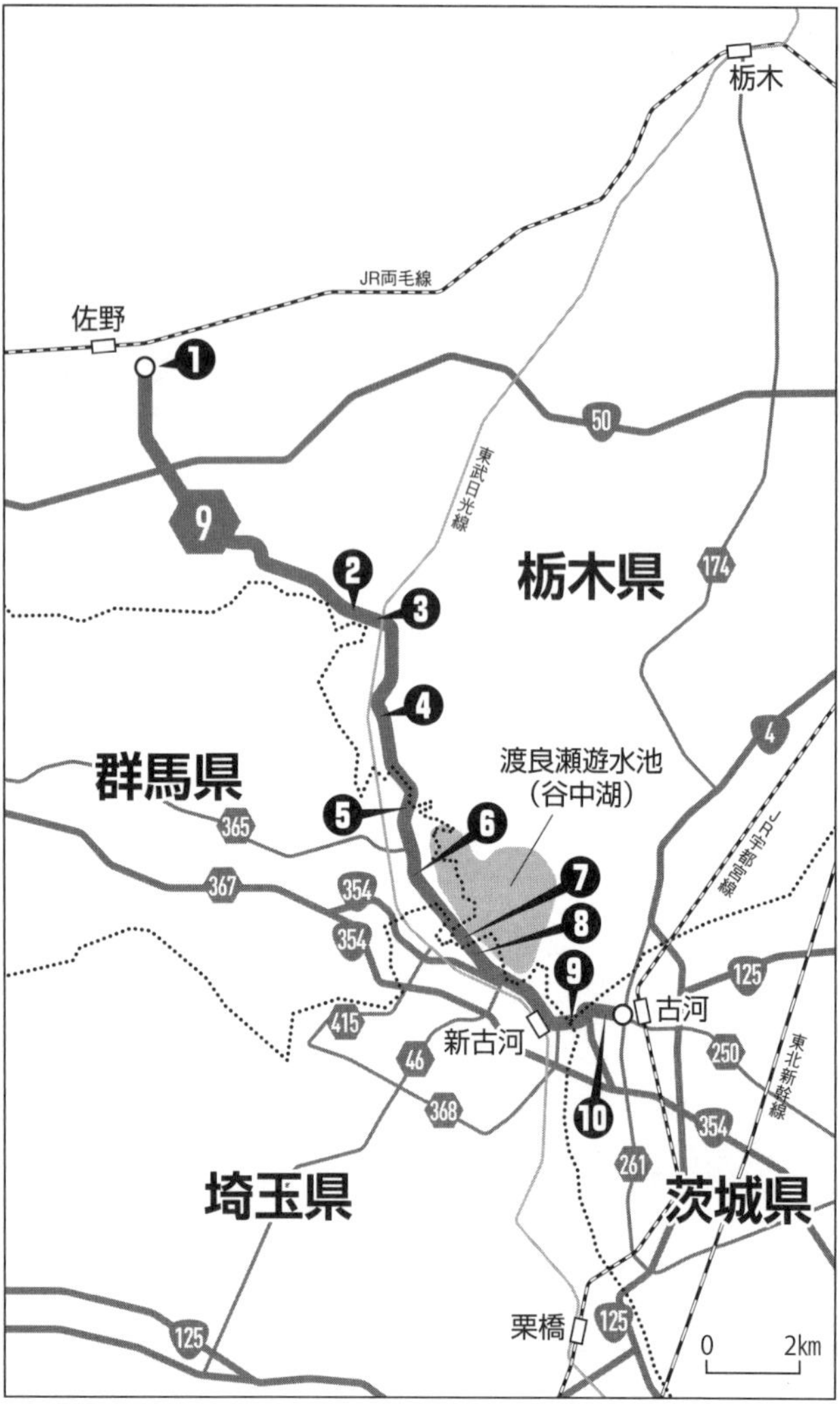

❶北側の起点は栃木県佐野市の浅沼町交差点

❷渡良瀬川そばの新開橋北詰付近

❸新開橋北交差点で直角に折れ南へ

❹高間交差点でY字に分岐。どちらに行っても栃木県

❺群馬県にも関わらず奥には栃木の県紙・下野新聞の営業所が

❻手前が埼玉、奥が群馬。なぜか県境標識が道路標識の影に

❼道の駅きたかわべのすぐ脇にも埼玉・群馬県境。このあたりが特にややこしい

❽道の駅きたかわべのやや南、「埼玉県道」9号線の標識

❾埼玉・栃木・茨城県境の「三国」橋。東詰で9号は左に折れる

❿4県で最も短い茨城県の9号。県道標識も少なくレア

またぎの県道は、この渡良瀬遊水地沿いの道一本だけだ。

県道の名称は「栃木県道・群馬県道・埼玉県道・茨城県道九号佐野古河《さのこが》線」。名前が示すとおり、栃木県、群馬県、茨城県に埼玉県を加えた四県にかけて走る道路で、各県では「○○県道九号佐野古河線」と、○○の箇所にそれぞれの県名を入れた名前で呼んでいる。四県も通過するのだから、さぞかし長い道かと思いきや、全長一八キロメートルしかない。さらにユニークなのは、四県を一度ずつ通過するのではなく、北から順に栃木県～群馬県～埼玉県～群馬県～栃木県～埼玉県～茨城県と、経由する県が次々と入れ替わる点だ。

なぜこのような経路になったのか、その理由は冒頭の渡良瀬遊水地の成り立ちにある。渡良瀬遊水地は渡良瀬川などの洪水対策のため、渡良瀬川上流にあった足尾《あしお》銅山の鉱毒を沈殿させるためという二つの目的で、栃木県と政府により明治時代に建設された。この時行なわれたのが、渡良瀬川の河川改修工事だ。

もともと、渡良瀬遊水地が建設された場所の西側は、北関東三県と埼玉県の県境が錯綜するエリアであり、川に沿って県境が定められていた。ところが、川の流路を人工的に変えたあとも県境は変更しなかったため、かつてそこに存在した、渡良瀬川のうねるような流路に沿った形の県境がそのまま残った。その後、佐野市と古河市を結ぶ県道をつくる際、

道の駅きたかわべの展望台より。サイクリングロード上の県境がバッチリ。奥に見えるのは茨城県の筑波山

この県境が複雑に入り組んだ一帯を通るルートがとられたことから、四つもの県をまたいで走る珍しい県道が誕生したというわけだ。

歩いて回れる三県の県境がある

渡良瀬川の改修が生んだ複数の県境が絡むスポットは、もう一つある。群馬県（板倉町）、栃木県（栃木市）、埼玉県（加須《かぞ》市）の「三県境」だ。

三県境とは、三つの県境が一カ所に集まった地点を指す。こうした箇所は全国に五〇近くあるが、ほとんどが山や川の中にあり、地図上で眺めることはできても実際に行くことは難しい。その点、こちらの三県境は、全国で唯一歩いて行ける平地にある。田んぼの水路がY字路に交わる地点にあり、自由に見学したり立ち入ることもできるのだ。

この三県境、昔は渡良瀬川の中にあったが、先述の渡良瀬川の改修工事により流路から外れてしまった。その後、土砂で埋め立てられて水田として整備され、県境の位置は長年わからなくなっていた。二〇一六（平成二八）年に三市町村が測量調査を行なった際、県境を示す杭が確認され、その場所が三県境として確定された。現在は、三市町村が共同で歩道を整備し、「三歩で回れる」などのうたい文句でPRして、観光資源に活用している。

Chapter

6

知れば知るほど面白い
北関東トリビア

Chapter 6

01

食

栃木県で有名な郷土料理「しもつかれ」は実は結構ほかの県でも食べられている!?

味や見栄えは素朴でも、そこに住む人にとっては幼い頃から食べ慣れた「ご馳走」と感じるのが郷土料理。だが栃木県の「しもつかれ」は、栃木県民にとってかなり微妙な料理だ。いわゆるごった煮料理なのだが、ドロリとしたビジュアルのインパクトから、マスコミに何度も取り上げられ、全国的な知名度を獲得することとなった。

調理法も変わっている。しもつかれ作りに欠かせないのが、「鬼おろし」と呼ばれる、三角形の突起が並んだ竹のおろし器だ。これで大根とニンジンを粗くおろし、塩鮭の頭と大豆、酒粕を入れて大鍋で煮込む。調味料や水は加えず、塩鮭の出汁と塩分、酒粕、その他の材料のうまみだけで独特の味わいが生まれるというわけだ。家庭によっては酢などを入れたり、具が違ったりと、味にバリエーションがあるのも、しもつかれの特徴だ。温かいままでも、冷めてから食べてもよい。味自体はあっさり系だが、酒粕や鮭の香りが独特で、好みが極端に分かれる料理となっている。

しもつかれは本来、二月最初の初午《はつうま》の日に作り、赤飯と一緒にお稲荷様に供えるのが習わしとされてきた行事食だ。江戸時代の天明の飢饉の頃に、稲荷神社に供えられたのが始まりとされる。飢饉でなくとも、現代のように冷蔵庫もビニルハウス栽培の野菜もなかった時代では、二月は食料が乏しい時期だ。それでもご馳走をお供えしたいと、節分で炒った大豆と、正月で食べた鮭の残った頭を活用して作れるこのレシピが考案されたという。

実際、安い材料で作れ、根菜やたんぱく質が摂れるので栄養満点。保存もできるしもつかれは、食糧事情の厳しい冬に最適と見なされた。各家庭のしもつかれを近所で交換することも多かったことから、「七軒の家のしもつかれを食べると中風《ちゅうふう》（脳卒中）にならない」との言い伝えもある。

郷土料理が発展して「しもつカレー」も誕生

しもつかれは栃木県の学校給食にも登場する。ただしお世辞にも子ども受けする味ではないため、大量に残りが出てしまう。味については賛否両論あるものの、しもつかれが栃木県民の暮らしに根を下ろしているのは事実だ。毎年初午の日が近づくと、スーパーの鮮魚コーナーには塩鮭の頭が、惣菜コーナーにはしもつかれの完成品が並ぶ光景が風物詩となっている。また道の駅日光（日光市）では、毎年二月に「全日本しもつかれコンテスト」を開催し、二〇一九（平成三一）年で第一九回を迎えた。県内各地から、工夫を凝らした約三〇点のしもつかれが出品され、来場者が試食し投票した結果、その年のしもつかれの鉄人が決められるというものだ。年々人気が高まり、多くの人々が来場している。

塩原温泉郷（那須塩原市）ではご当地グルメとして、「しもつカレー」を売り出している。しもつかれの食材を使ったカレーで、地域の複数の飲食店が独自のメニューを開発・提供している。スープカレーやグリーンカレーに仕立てたり、麺類ではうどんやそば、ラーメンまでさまざまなバリエーションが考案されている。

ルーツは京都で食べられた「酢むつかり」

平安〜鎌倉時代の説話集である『宇治拾遺物語《うじしゅういものがたり》』や『古事談《こじだん》』には「酢むつかり」という食べ物が記されており、これがしもつかれのルーツとの説が有力だ。酢むつかりは炒った大豆に酢や塩をかけた食べ物で、京都などで食べられていたようだが、やがて江戸を経て北関東に伝わったようだ。

栃木県民と切っても切れないしもつかれだが、実は茨城県、群馬県、埼玉県、千葉県、福島県の一部地域などでも食べられている。前述のように、お稲荷様に供える行事食から発展したことをふまえれば、風習として栃木県以外に広まってもおかしくはないが、他県でもしもつかれが広く食べられていると知る栃木県民は少数だ。地域によって呼び方は変化するが、それぞれ「冬の凍《し》みる季節の料理」「酢で味をつけた料理」といった意味と考えられている。栃木県内では現在でも年配者は、「シミヅカリ」「スミヅカリ」などと呼んでいる。

ドロリとした見ための「しもつかれ」だが、広く親しまれているれっきとした郷土料理だ

しもつかれが栃木県だけの郷土料理というイメージは、名称が「下野《しもつけ》国（＝栃木県）」を想起させることが一因となっている。しかし、そう呼ばれるようになったのは比較的最近のこと。マスコミの影響によるものだ。栃木県以外でも親しまれてきたしもつかれ。個人的な好き嫌いを超え、この食文化を県全体で守ってきた最大の功労者はやはり栃木県ということになるはずだ。

Chapter 6
02
地理

海辺の合宿所もあるってホント?「栃木は海なし県」とは言わせない!

日本には海に接していない「海なし県」が八つ存在しており、北関東では茨城県を除く群馬県と栃木県が該当する。ちなみに残る六県は、埼玉県、山梨県、長野県、岐阜県、滋賀県、奈良県である。交通網もレジャーも発達した今の時代、自分の県に海がないからといって何の問題もないのでは? と思うのは、あくまで「海あり県」の考え方。人間、ないものには、憧れや渇望をもってしまうものだ。

栃木県にはそんな、海への強い憧れが顕著に現れたスポットがある。その一つが真岡《もおか》市にある「一万人プール」だ。県営都市公園の井頭《いがしら》公園内にあり、学校の夏休みに合わせてオープンする。県民には「まんプー」の愛称で親しまれている。

一万人プールは一九七三(昭和四八)年、県主導で建設された(管理は井頭公園指定管理グループ)。コンセプトは「海なし県の栃木にも海を」だったというから、県の並々な

一万人プールの「波のプール」は最大90㎝の波が味わえ、海にいるような気分になれる

らぬ意気込みがうかがえる。

特筆すべきは、一万人プールという名前が物語るその広さだ。このユニークなプール名は、一人につき一平方メートルを占めるとすると、同時に一万人が泳げることからつけられた。開業当初は一万五〇〇〇平方メートルだったが、二〇一一（平成二三）年の東日本大震災で設備が損壊し、一時休業に。二〇一三（平成二五）年のリニューアル後は少々狭まり、現在のプールの水面積は約九二〇〇平方メートルになってる。とはいえ、広大なことに変わりはない。陸地を含む総面積は六万八〇〇〇平方メートル。東京ドーム一個が四万七〇〇〇平方だから、どれほどの巨大施設かおわかりいただけるのでは。

広いだけでなく、肝心の施設も充実している。

プールの種類は現在七つ。一周四〇〇メートルの流れるプールや、グルグル回りながら滑り落ちる迫力満点のウォータースライダー、子どもも遊べるじゃぶじゃぶ池など、広い世代で楽しめる複数のタイプが用意されている。中でも人気ナンバーワンは、波のプールだ。最大九〇センチもの波が押し寄せ、まるで本物の海に来たかのような気分が味わえる。

一日の平均来場者数は三〇〇〇人程度だが、プール名のとおり一万人以上が訪れることもある。開業以来の最多入場者数は、一九七八（昭和五三）年の二万七一三六人。四五年以上の長きにわたり、海のない栃木県民に広々と泳げる場所を提供し続けてきた、偉大なスポットなのだ。

栃木県民のための施設を茨城県にオープン!?

どんなに巨大なプールがあっても、やっぱり本物の海とも触れ合いたい。そんな栃木県民の切実な願いを叶えてくれるのが「とちぎ海浜自然の家」だ。

栃木と名前についているが、施設のある場所は茨城県鉾田《ほこた》市。一九九二（平成四）年、栃木県が、普段海と接する機会の少ない県内の子どもたちのためにと、茨城県の鹿島灘《かしまなだ》に建設した栃木県立の生涯学習施設だ。

太平洋に面して建ち、海を間近に感じられる最高のロケーション。四〇〇人収容できる大規模な宿泊室からも海を一望できるのだから、それだけでも子どもたちは大興奮だ。

栃木県では小学五年生になると、臨海学校でこの施設を訪れるのが恒例だ。周辺の海は遊泳禁止区域のため泳ぐことはできないものの、ロープ内のエリアで波遊びや砂浜遊びに興じたり、釣りや地引き網体験もできる。ちょっと変わったところでは、塩づくりにチャレンジできるかまども設置されている。ここで過ごしながら、様々な海のレジャーや文化に触れることができるのだ。以前は基本的に栃木県民と、施設のある旧旭村エリアの人々にのみ使用を限定していたが、少子化が進む中で利用客を増やすため、二〇一九（平成三一）四月からは全国の誰もが利用できるようになった。これを機に、全国の海あり県と海なし県のどちらからも、大勢が訪れるようになるに違いない。

栃木県や群馬県にも大昔は海があった

群馬県も海なし県だが、歴史をたどると約六〇〇〇年前には、群馬県と栃木県に海が存在していた。縄文時代の早期から前期にかけて地球の気温が高くなり、氷が溶けて海面が上昇した「縄文海進」の結果、海が内陸の奥深くまで入り込んできた。関東地方でも、現在の東京都や千葉県、神奈川県が面する東京湾を中心に、埼玉県や茨城県にかけて巨大な「古東京湾《ことうきょうわん》」が形成された。海水は関東平野の奥、栃木県や群馬県にまで入りこみ、それを示す多くの貝塚が発見されている。

具体的には、栃木県では栃木市の篠山《しのやま》貝塚や野木《のぎ》町の御髪内《みぐしない》貝塚などが確認されている。群馬県では一四カ所に貝塚が点在する、板倉《いたくら》町の権現沼《ごんげんぬま》貝塚群などが有名だ。

特に篠山貝塚は、現在の海から七〇キロメートル以上も離れた、関東平野でもっとも奥に位置する貝塚である。縄文時代前期の竪穴式住居跡なども発見されており、当時の縄文人にしてみれば、栃木県のこの場所で〝海の入江〟で暮らしていたことになる。

北関東で海のない二県は、北関東道を使って茨城県の海岸までアクセスできる。二〇一五(平成二七)年には圏央道が鶴ヶ島JCTから茅ヶ崎JCTまで開通し、新湘南バイパスとつながったことで、関越道から圏央道経由で神奈川県の湘南の海にも行きやすくなった。また群馬県は、上越道や上信越道を利用して新潟県の海岸に出かけるなど、太平洋と日本海のどちらにも行きやすい。群馬県に比べて、栃木県は各地の海に行きやすい環境ではないため、「一万人プール」や「とちぎ海浜自然の家」を作るなど、海との関わりを強めようとしているのかもしれない。

●関東の縄文時代の海岸線と主な貝塚

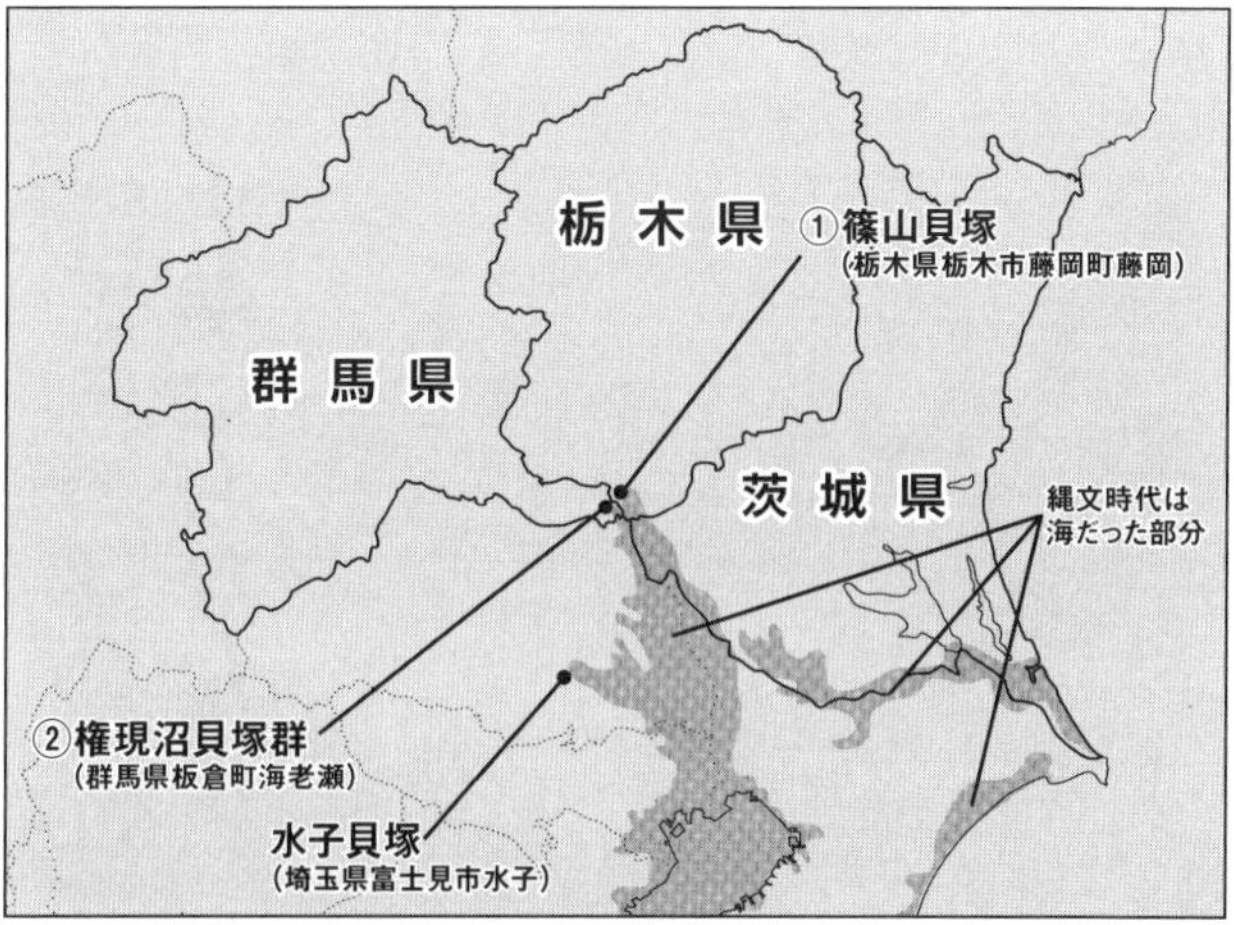

①渡良瀬遊水地の土手の下が篠山貝塚。現在は畑になっている

②権現沼の周辺では、離山貝塚や一峯神社貝塚など、複数の貝塚が発見されている

習慣

群馬県の運動会は「紅白対抗」にあらず自然にちなんだ○○団同士の三つ巴の争い

運動会では「赤（紅）勝て、白勝て」との元気な声援が飛び交うのがお決まりである。だが、日本で唯一、このフレーズが聞こえてこない県が群馬県。運動会では、「紅・白」でチーム分けをするのが一般的だが、群馬県では、県内にある山の名前を拝借したチーム名をつけるのが普通となっているからだ。

もっともメジャーなのが上毛三山《じょうもうさんざん》にちなんだ、「赤城《あかぎ》団」「榛名《はるな》団」「妙義《みょうぎ》団」の三つ。上毛三山とは、赤城山、榛名山、妙義山の三つの山の総称で、主な町からその姿が見えることもあって、山の多い群馬県の中でも特に県民に愛されている。富士山に次いで日本で二番目に長い裾野を、関東平野に悠々と広げる山容が、ひときわ存在感を放つ赤城山。山頂付近には榛名湖、中腹には榛名神社や伊香保《いかほ》温泉があり、多くの観光客で賑わう榛名山。風雨などにさらされてできた尖った岩肌が特徴的で、国の名勝に指定され、日本三大奇景

日本三大奇景の一つとされる妙義山は岩壁や奇岩が並んだ独特な山容

にも選ばれている妙義山。いずれ劣らぬ個性派揃いだ。

群馬県の紋章や県旗のデザインにも使われており、「上毛かるた」や校歌にも登場する。身近な存在かつ、力強い山のイメージもぴったりということもあってか、運動会のチーム名として愛用されている。四チーム編成とする場合には、上毛「三」山では数が足りないので、これに浅間《あさま》山から取った「浅間団」が加わるパターンが多い。また、上毛三山にこだわらずほかの山の名が使われるケースもあり、日本百名山である白根《しらね》山、武尊《ほたか》山などに加え、さほど知名度はなくとも地元で親しまれている山も採用されている。

では実際のところ、どの山の名がどれぐらい使われているのか。安中市ふるさと学習館が二〇〇九（平成二一）年に、県内の小学校三三八校を対象にとった「運動会の団の実態」とのアンケート調査を見てみよう。個別の山の使用率では上毛三山がずば抜けて高く、赤城山が六八％、榛名山が六四・八％、妙義山が六〇・九％となった。また、全体の七〇％以上の学校が山の名を使用しており、その中での上毛三山の使用率は八〇％以上にのぼった。

加えてこの調査からは、興味深い地域性も浮き彫りとなった。上毛三山が圧倒的によく使われるのは、前橋市や高崎市などが位置する県央部。伊勢崎市や桐生市などがある南部は、ほかの山の名も使われている。一方、館林市など県の東端では、上毛三山はほとんど用いられず、代わりに「紅・白」などの色名や、植物、鳥、星座名、中には上州名物など、変化に富んでいることが明らかとなった。

前橋市の師範学校がルーツ

なぜ県の中央部近くほど、上毛三山をはじめとする山の名が好んでつけられるのか。その謎を解く鍵は明治時代にある。

現在の群馬大学教育学部の前身となる群馬師範学校は、運動会を行なう際は、学校のある前橋市内に位置する前橋公園を会場としていた。この時代の前橋公園からは三山を同時に一望できたが、現在は環境が変わり、そんな場所はどこにもなくなってしまった。一望できた証拠となるのが、一九〇〇（明治三三）年に発行された『上野唱歌《こうずけしょうか》』で、「このあたり（編集部注：前橋公園）より見渡せば／ちかくは赤城、榛名山／はるかに望む妙義山／これ上毛の三山ぞ」との誇らしげな歌詞を確認できる。運動会会場を見守るようにしてそびえる三山を、チーム名に採り入れようと考えたのだ。やがて、師範学校の卒業生が教師となると、赴任先の学校の運動会で同様に命名したため、前橋市を中心に、「運動会チーム名は山」というのが普及していったと考えられる。

最近は少子化の影響で二チームしか作れないため、「紅・白」とつける学校も増えているようだ。だがやはり群馬県民が誇る山の名ならば、運動会での子どもたちの士気も上がるというもの。山の名を冠したチーム名は、この先も受け継がれていくに違いない。

Chapter 6
04

食

庶民の知恵と努力による結晶！伝統＆新進のご当地名物はこうして誕生した

地元民のソウルフードであり、観光客にも愛されるご当地名物。押しも押されもせぬ名物として認知されるに至った背景には、「現代版ブランディング戦略」ともいえる人々のアイデアや努力が潜んだ、こんなケースが存在する。

茨城県、特に水戸名物として絶大な知名度を誇る納豆。店頭には地元産の納豆が種類豊富に並び、地元民の食卓に欠かせないものとなっていることがわかる。水戸では平安時代から、農家が自家製の納豆を作って食べるようになったといわれる。

この納豆に目をつけ商品化を思い立ったのが、現在も人気のブランド「天狗納豆」を創業した初代笹沼清左衛門だ。笹沼氏は一八八四（明治一七）年、宮城県仙台で修業した後、技術者の阿部寅吉を連れて水戸へ戻ると研究を重ね、ついに独自の製法を編み出した。

商品化した納豆を、ちょうどその頃開通した水戸鉄道（現在のＪＲ水戸線）の水戸駅前

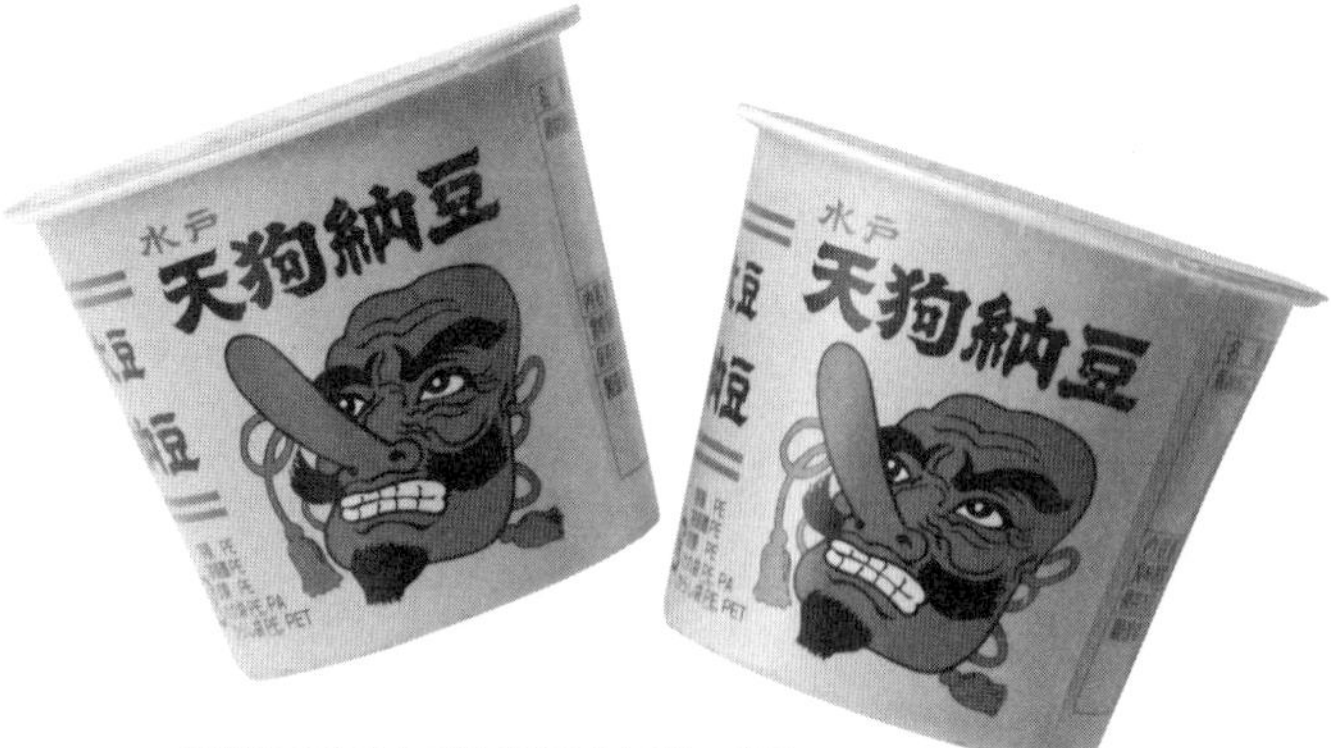

茨城県の名産品である納豆の中でも、特に知名度が高いのが水戸の「天狗納豆」

下仁田ネギの特徴は太さと甘さ。甘楽郡下仁田町を中心に栽培されている

宇都宮市では「宇都宮餃子会」が設立され、精力的に餃子文化を普及・振興している

で売り出したところ、乗降客の評判に。一九三六（昭和一一）年には駅構内でも販売を始めると、停車時間に買い求める客が殺到するようになった。こうして水戸を訪れた人が土産品として納豆を持ち帰ることで、水戸の納豆は日本各地にその存在を知られることとなった。

群馬のブランド作物といえば、群馬県下仁田《しもにた》町が原産地の「下仁田ネギ」。太い形状が特徴的で、煮るととろけるように甘くなる味わいは数あるネギの品種の中でも別格だ。江戸時代には将軍家に献上されていたようで、古くから高い評価を受けていた下仁田ネギだが、その後いくつかのターニングポイントを経て知名度を上げていく。一八七三（明治六）年、ウィーンで万国博覧会が開催された際、出品した絹糸が注目されたのを機に、群馬県の富岡製糸場に関係者が訪れるようになった。その際の贈答品として下仁田ネギが重宝されるようになったようだ。

一九〇八（明治四一）年には皇太子時代の大正天皇が来県した際、下仁田ネギが献上された。一九三四（昭和九）年にも皇室へ献上しており、「献上葱奉公日誌」という栽培日誌には、耕作地にしめ縄を張り、畑の消毒や栽培者に検便を行なうなどの様子が記載されている。明治時代には小学校の教科書や「上毛かるた」にも登場するなど、子どもへの教育に組み込まれながら下仁田名物として浸透していった。

平成時代に名物として定着した宇都宮餃子

水戸の納豆や下仁田ネギが昔からある伝統の名物なら、平成になって知名度が上がった名物が、宇都宮市の宇都宮餃子だ。宇都宮餃子は明確な定義をつけておらず、調理法も具も味つけも店によって様々。市内には餃子専門店がおよそ三〇軒、餃子を提供する飲食店は三五〇軒以上がひしめいている。戦後、満州《まんしゅう》（現在の中国）から宇都宮に復員した軍人たちが、現地で食べた思い出の味を再現してふるまったのが、宇都宮餃子の始まりとの説がある。餃子を作るのに欠かせない小麦とニラがよく採れることも、宇都宮で餃子がよく食べられるようになった理由といわれる。

この宇都宮餃子を全国的なブランドに育て上げたのは、宇都宮市の市民たちである。宇都宮市の餃子購入額が全国第一位を続けているとの調査結果に、市の職員たちが着目、宇都宮を「餃子のまち」としてまちおこしに乗り出した。一九九三（平成五）年には市の職員の呼びかけにより、市内の餃子店や中華料理店の店主らが中心となって、宇都宮餃子会を設立する。餃子食べ歩きマップの作成や餃子祭りの開催などＰＲに精を出し、こうした活動がテレビ番組に取り上げられると、一気に全国的な注目を集めることとなった。

Chapter 6
05

食

北関東は未知なるご当地グルメの宝庫!? 三県に見る「粉もんグルメ」の最新事情

北関東三県のご当地グルメを見てみると、意外にも小麦粉を使った「粉もんグルメ」が多い。特に群馬県は、東日本を代表するうどんの大量消費地だ。うどんの年間支出額一位は香川県だが、二位にランキングしているのが群馬県（二〇一八［平成三〇］年度調査）。日常的にうどんが食べられている地域だけあって、県内には様々な形のうどん文化が根づいている。

おすすめの一つは、渋川市伊香保《いかほ》町の名物「水沢うどん」。若干細めでコシのある麺はツルツルした食感が特徴で、醤油味や胡麻味のつけだれでいただくのが水沢流である。見た目のインパクトとしては、桐生市周辺で食べられている「ひもかわうどん」にも注目したい。幅が広くて平べったい麺が特徴のうどんで、中には幅一五センチ以上もの超極薄太麺を出す店（桐生駅南口の味処ふる川）もある。インスタ映えするとあって、最近は若者たちの間でも人気を集めているとか。さらにうどんの仲間としては、「おっきりこみ」（別名「にぼうとう」）もはずせない。小麦粉を水で練って麺状にし、野菜やキノコと一緒に味噌や醤油で煮込んだもので、麺は茹でずに具材とともに煮込む。群馬県で古くから愛されている郷土食で、県内のコンビニエンスストアでも販売されている。

変わり種グルメとして人気を呼んでいるのが、伊勢崎市で食べられる「いせさきもんじゃ」。基本的には東京のもんじゃ焼きと同じだが、ここのには「カラ」と「アマ」があり、カラにはカレー粉が、アマには、何といちごシロップが入っている。ちなみに「アマカラ」は両方入り。いちごシロップ入りのもんじゃは味にコクと深みがあって、意外に美味だ。

茨城県は自由すぎる麺類グルメがラインナップ

茨城県内にも、バラエティに富んだ粉もんグルメが多数存在する。もっともメジャーなのが茨城県民のソウルフードともいわれる「スタミナラーメン」。野菜とレバーが入った熱々の餡を冷たい麺にかけた料理で、もともとはひたちなか市周辺で食べられていたが、うまいと評判となり県内に広く浸透した。

大洗町には古くから食べられている「みつだんご」がある。通常、だんごの材料にはモ

スープ入り焼きそば
（栃木県那須塩原市）

炒めたてのソース焼きそばをどんぶりに入れ、醤油味のスープを注いで作る。見た目はラーメンだが、味は独特。

那珂湊焼きそば
（茨城県ひたちなか市）

使用するそばは、うどんほどの太さになる「手延べせいろ蒸し麺」。地元店舗で「那珂湊焼きそばのれん会」が作られている。

栃 木 県

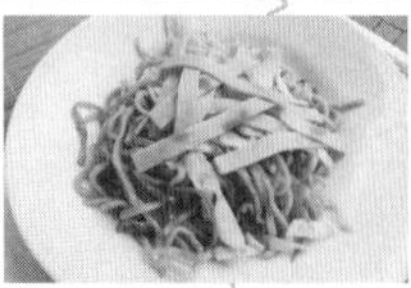

宇都宮焼そば
（栃木県宇都宮市）

餃子と並ぶ、宇都宮のご当地グルメ。太麺に、具やキャベツ、イカ、ハム、目玉焼きなどを使用する。

茨 城 県

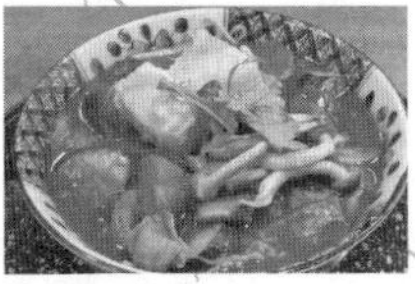

古河の七福カレーめん
（茨城県古河市）

古河の七福神めぐりとカレーめんを合わせ、「古河の七福カレーめん」として展開している。具に使われるのは地元産の野菜。

スタミナラーメン
（茨城県全域）

昭和50年代に誕生した茨城のご当地ラーメン。麺の上には、熱々の甘辛醤油あんがたっぷり写真はスタミナ冷やし。

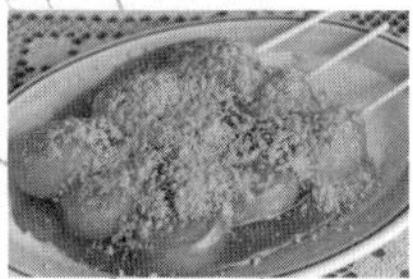

みつだんご
（茨城県大洗町）

みたらしだんごなどと似ているが、小麦粉を使っただんご。生地はふんわり、甘くてモチモチの食感が楽しめる。

●北関東「粉もんグルメ」マップ

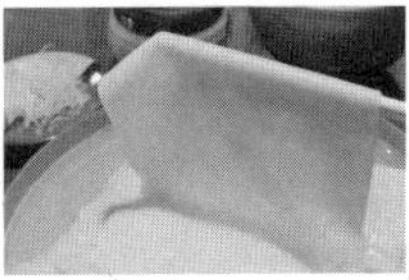

ひもかわうどん
（群馬県桐生市）

麺の横幅が広く、平べったい形状が特徴的。店によっては15㎝以上のものも。独特の形状から平打ち麺とも呼ばれる。

じゃがいも入り焼きそば
（栃木県足利市）

蒸し時間を長めにした二度ぶかし麺に、具として一口大に切ったジャガイモを使っている。見た目のボリューム感も満点。

群馬県

おっきりこみ
（群馬県および埼玉県北部）

煮込み麺料理の一種。具に加える芋は、赤城山や榛名山の山麓ではサトイモ、吾妻郡や多野郡の山間部ではジャガイモが多い。

水沢うどん
（群馬県渋川市伊香保町）

日本三大うどんの一つともされる。やや細めでコシと弾力があり、つるつるした白い麺を特徴とする。

いせさきもんじゃ
（群馬県伊勢崎市）

具が少なめのもんじゃ。昔は駄菓子屋で食べさせることが多く、当時は子どものおやつという位置付けだった。

佐野ラーメン
（栃木県佐野市）

竹を使って打つ平麺と、透き通った醤油ベースのスープが特徴。佐野市の近代食文化として地域興しに役立っている。

チ米の粉が使われるが、みつだんごには小麦粉が使われている。ふわふわの食感と優しい甘さが特徴で、時間がたっても堅くならずにおいしくいただけるので、おみやげにも最適だ。

また大洗の北に位置する那珂湊《なかみなと》駅（ひたちなか市）周辺では、地元漁師に五〇年以上前から愛されてきた「那珂湊《なかみなと》焼きそば」なるご当地グルメも味わえる。せいろで蒸してから手でほぐした太麺（手延べせいろ蒸し麺）を使っているのが特長で、もちもちとした歯ごたえが魅力。那珂湊地区には焼きそば店が一二軒点在し、店舗によって味つけが異なる。

茨城県では、粉もんを使ったご当地グルメによる町おこしも盛んだ。古河《こが》市では、スパイスやカレー粉を作っている企業が地元にあることと、観光名所にもなっている古河七福神とかけて「古河の七福カレーめん」による町おこしプロジェクトを、二〇〇六（平成一八）年にスタートした。七種の食材と、地元メーカーのスパイスを使うことが条件で、どんな料理にするかは店に任されている。ラーメンやうどんだけでなくパスタやマカロニグラタンなど、いろんな料理に発展しているのが面白い。

栃木県の名物は焼きそばにも注目を！

最後は栃木県。メジャーな粉もんグルメとしては、「佐野ラーメン」が有名だが、栃木県ならではのご当地焼きそばも存在する。まずは「宇都宮焼きそば」から。宇都宮といえば餃子の町というイメージが強いが、実は焼きそばの名店も多い。もちもちの太麺をキャベツや肉、イカなどの具とともに醤油ベースのだし汁で蒸し焼きにするのが基本形。目玉焼きがトッピングされていることも多い。薄味なので、ソースや唐辛子を使って自分好みの味に調節しながらいただこう。

那須塩原市の「スープ入り焼きそば」は、炒めたソース焼きそばをドンブリに入れて、醤油味のスープを注いでいただく料理。見た目はラーメンなのに食べると焼きそば、というギャップに驚かされるが、スープの醤油味と焼きそばのソース味が徐々に融合していく不思議な味わいは、一度体験するとやみつきになるはず。

栃木市や足利市には「じゃがいも（ポテト）入り焼きそば」なるメニューもある。一口大に切って茹でたじゃがいも、またはポテトフライを麺と一緒に炒めたもので、食べてみるとじゃがいもと焼きそばの相性の良さに驚かされる。

二〇一七（平成二九）年の小麦生産量の全国ランキングでは、群馬県は五位、茨城県は九位、栃木県は一二位（農林水産省調べ）。すべて国産粉を使っているとは限らないが、小麦が身近な分、粉もんグルメが普及しているのかもしれない。

参考文献

『「県境」「境界線」92の不思議』浅井建爾(実業之日本社)／『あなたの知らない茨城県の歴史』(洋泉社)／『あなたの知らない群馬県の歴史』(洋泉社)／『あなたの知らない栃木県の歴史』(洋泉社)／『物語廃藩置県』高野 澄(新人物往来社)／『鉱山をゆく』(イカロス出版)／『日本史ミステリー』(アシェット・コレクションズ・ジャパン)／『関東戦国全史　関東から始まった戦国150年戦争』(洋泉社)

参考webサイト

首相官邸／総務省／国土交通省／朝日新聞デジタル／東スポweb／日本経済新聞／産経新聞／Sankei biz／大日本観光新聞／下野新聞SOON／高崎新聞／茨城新聞社／東洋経済オンライン／国会図書館／自動車検査登録情報協会／ブランド総合研究所／ダイヤモンドオンライン／レファレンス協同データベース／産業のまちネットワーク／日本観光振興協会／観光レジャー施設旅探／都道府県別統計とランキングで見る県民性／TOKYO FMタイムライン／P+D MAGAZINE／みずほ総合研究所／業界動向サーチ／ビジネスジャーナル／J－STAGE／性格診断セブン／株探／地名由来辞典／なっとく！おもしろ由来辞典／群馬県／群馬大好きWe Love群馬／群馬県太田市／両毛広域都市

圏総合整備推進協議会／群馬県教育文化事業団／群馬県沼田市／群馬県館林市／群馬県桐生市／群馬県安中市／群馬県吾妻郡嬬恋村／群馬県板倉町／川原湯温泉協会／群馬県園芸協会／ぐんまちゃんナビ／ググっとぐんま／下仁田ネギ産直センター／伊勢崎商工会議所青年部／栃木県／栃木県小山市／栃木県宇都宮市／栃木県足利市／栃木県那須塩原市／栃木県文化協会／栃木県教育委員会／宇都宮餃子会／おっとっとちぎ／ベリーマッチとちぎ／とちぎ旅ネット／足利市観光協会／塩原温泉旅館協同組合／日光東照宮／間々田八幡宮／鷲子山上神社／渡良瀬遊水地アクリメーション振興財団／井頭公園一万人プール／とちぎ海浜自然の家／茨城県／茨城県教育委員会／茨城県警察／茨城県水戸市／茨城県日立市／茨城県古河市／茨城県つくば市／茨城県笠間市／茨城県大洗町／笠間観光協会／鹿島ものづくりドットコム／日立製作所／チャレンジいばらき県民運動／桜川市観光協会／たつのこアクション／茨城をたべよう／水戸天狗納豆 笹沼五郎商店／観光いばらき／関越物産／フラクル／チイキイロ／日本☆地域番付／Ｍａｙｏｎｅｚ／Ａｌｌ Ｔｈｉｎｇｓ Ｍｕｓｔ Ｐａｓｓ森羅万象〜歩く印象派／名水遊戯管理人日本散策ガイド／現代ビジネス（講談社）／ＰＲ ＴＩＭＥＳ／Ｇｏｏｇｌｅブックス／Ａｍｅｂａニュース／ＣａｒＭｅ／アジ歴グロッサリー（ジアア歴史資料センター）／歴史マガジン／全国ラジオ体操連盟／山形県新庄市／メガネスーパー／ＪＩＮＳ／フライングガーデン／ばんどう太郎／朝鮮飯店／イオンモール／イオンリテール／ベイシア／セコマ／かましん／ジョイフル本田／オータニ／ダイユー／ＳＵＵＭＯジャーナル

編　者

風来堂（ふうらいどう）

編集プロダクション。国内外の旅行をはじめ、歴史、サブカルチャーなど、幅広いジャンル&テーマの本やweb記事を制作している。主な制作本に、『全国ローカル路線バス』『地理・地名・地図の謎』シリーズ（一部）、『日本の名城 データブック200』（以上、実業之日本社）、『すごい缶詰150』（イカロス出版）、『蔵元の娘と楽しむ日本酒入門』（スタンダーズ）など。webメディアでは、「どこいく?×トリップアドバイザー」などに寄稿している。
http://furaido.net

※本書は書き下ろしオリジナルです。
※P157の地図は、国土地理院電子国土Webを用いています。
※写真提供：ググっとぐんま写真館（P28、P99下）

じっぴコンパクト新書　364

JIPPI Compact

群馬《ぐんま》・栃木《とちぎ》・茨城《いばらき》　くらべてみたら?
「北関東三県《きたかんとうさんけん》」の不思議《ふしぎ》と謎《なぞ》

2019年6月5日　初版第1刷発行

編　者……………風来堂
発行者……………岩野裕一
発行所……………株式会社実業之日本社
〒107-0062　東京都港区南青山5-4-30
CoSTUME NATIONAL Aoyama Complex 2F
電話（編集）03-6809-0452
（販売）03-6809-0495
http://www.j-n.co.jp/
印刷・製本……………大日本印刷株式会社

ISBN978-4-408-33862-0（第一趣味）